Ludwik Fleck

루드빅 플렉 / 송충기

<컴북스이론총서>는
현대를 호흡하는 사상가들을 소개합니다.
단순한 사상의 축약, 해제가 아닙니다.
해당 사상가를 연구해 온 전문가가 직접
사상가의 핵심 키워드 10개를 뽑아 해설하고 비평합니다.
인간과 비인간, 현실과 가상, 문화와 야만의
경계를 넘나드는 모든 사상을 싣겠습니다.
오늘을 살아가는 모든 이의 나침반이 되겠습니다.

컴북스이론총서

루드빅 플렉

송충기

대한민국, 서울, 커뮤니케이션북스, 2025

루드빅 플렉

지은이 송충기
펴낸이 박영률

초판 1쇄 펴낸날 2025년 7월 14일

커뮤니케이션북스(주)
출판 등록 제313-2007-000166호(2007년 8월 17일)
02880 서울시 성북구 성북로 5-11
전화 (02) 7474 001, 팩스 (02) 736 5047
commbooks@commbooks.com
www.commbooks.com

ISBN 979-11-430-0725-4 04400

책값은 뒤표지에 표시되어 있습니다.

과학지식의 역사사회학:
루드빅 플렉의 사고양식과 사고집단

20세기 초 서구에서 과학의 시대가 활짝 열렸다. 과학은 그동안 서구를 지배했던 기독교 세계관에서 완전히 벗어나 독자적 인식 체계로서 자리를 잡았다. 그제야 비로소 과학이 무엇인지에 대한 진지한 물음이 제기되기 시작했다. 그동안 코페르니쿠스, 갈릴레이, 뉴턴, 다윈, 아인슈타인 등 여러 과학자가 위대한 발견을 해 왔지만, 그 발견의 의미가 궁극적으로 무엇인지, 어떻게 그러한 발견을 하게 되었는지에 대한 본격적인 해명은 아직 없었다.

이때 등장한 과학철학과 과학사의 대표 주자는 우리가 흔히 논리실증주의자(혹은 논리경험주의자)라고 부르는 일단의 과학철학자들이었다. 특히 이들의 사상은 소위 '빈 모임(Wiener Kreis)'을 통해 하나의 학문적 흐름으로 이어졌다. 이 모임은 제1차 세계대전 이전에 발족해 1920년대에는 정기적인 학술토론회로 발전했고, 모리츠 슐리크(Moritz Schlick), 오토 노이라트(Otto Neurath), 루돌프 카르나프(Rudolf Carnap) 등 당대 유명한 과학철학자들이 대거 참여했다. 그뿐 아니라 여러 분야의 학자들, 과학자는 물론이고 철학자, 경제학자, 사회학자 등이 이 모임에 관심을 갖고 방문하거나 이 모임과 직간접적인 유대를 형성하면서 이 모임은 명실공히 과학철학의 본산이 되었다. 1933년 나치가 집권하면서 여러 유대인 학자가 영국과 미국 등지로 망명길에 올라야 했고, 이어 1936년 주도자였던 슐리크마저 비극적으로 어이없게 살해당하면서 빈 모임은 사실상 종료했다. 하지만 전후 여러 학자가 미국과 영국 등의 대학에 자리를 잡으면서 이들의 영향력은 오히려 전 세계로 퍼졌다.

매우 다양한 분야의 학자들이 여러 논의를 제기했기 때문에, '빈 모임'은 하나의 학파로 불릴 만큼 단일한 성격을 지니지는 못했다. 하지만 이들이 펼친 토론과 연구의 핵심 방향은 논리실증주의였다. 과학적 인식 방법이 철학과 결합하면서 생겨난 논리실증주의는 기본적으로 전통적 형이상학 등을 부정하고 검증 가능성을 기본 원리로 삼았다. 이 사조는 경험을 통한 인식과 지식의 획득을 강조하면서 주도적인 과학철학으로 자리를 굳혔다. 무엇보다 그 지지자들은 자연과학을 인간 지식의 핵심으로 간주하고 자연과학의 방식인 관찰과 실험 그리고 수학적 모델을 높이 평

가했다. 논리적 분석의 역할을 강조할 뿐 아니라 소위 '단일 과학'도 추구했다.

하지만 논리실증주의는 나중에 칼 포퍼(Karl Popper) 등 일련의 학자들에게 비판받았다. 특히 토머스 쿤(Thomas Kuhn)은 1962년 유명한 저서 ≪과학혁명의 구조(The Structure of Scientific Revolutions)≫를 발표해, 논리실증주의(당시에는 주로 논리경험주의라고 불렸다)의 근간을 뒤흔드는 주장을 내놓았다. 즉 과학지식이 점진적으로 축적되는 것이 아니라 한 패러다임에서 다른 패러다임으로 넘어가는 혁명적 변화를 겪는다고 이야기했다. 이로써 과학이 순전히 합리적이고 객관적인 것이 아니며 과학적 행위에는 과학자의 사회적 행위가 숨어 있다는 점을 강조했다. 쿤이 사용한 패러다임이라는 단어는 이후 순식간에 사회과학을 포함한 거의 모든 분야에 퍼져서, 구글의 통계에 따르면 20세기의 가장 중요한 학술 용어가 되었다.

그러나 논리실증주의가 포퍼나 쿤에게 처음 비판받았던 것은 아니다. 이들보다 훨씬 앞서 논리실증주의의 과학철학을 비판하고 대안을 제시한 사람이 있었다. 1933년 9월 논리실증주의의 대표자였던 빈대학교의 슐리크는 한 '무명'의 폴란드 출신 의사에게 편지와 두툼한 원고를 받았다. 그 편지의 발송자는 자신의 원고를 보내니 한번 읽어 보고 평가해 달라고 정중하게 요청했다. 과학철학에 관한 책을 하나 내고자 하는 참에, 이왕이면 당시 그 분야의 최고 권위자였던 슐리크의 평가를 곁들이면 금상첨화였으리라. 편지를 쓴 사람은 자신이 세균학자며 여러 잡지에 논문 30여 편을 게재했고, 무엇보다 '인식론'에 관심이 많다고 소개했다. 그러면서 당시 빈 모임을 포함한 기성 학계의 "인식론에서 대개 연구되는 것은, 그것이 실제로 어떻게 생기는가 하는 인식이 아니라 그것의 진정한 특성이 빠진 상상된 이상적 이미지"라고 비판했다. 말하자면 기성 학계가 과학철학의 역사성과 사회성을 간과했다는 것이다. 이어 철학자가 분석하는 것은 추상적 지식이지만 일반 사람의 지식은 보통 교과서에서 비롯된다면서, 그러한 "지식의 상태가 인식의 행위에 얼마나 영향을 미치는지에 관한 진지한 연구가 없다"(Fleck, 2014: 561-562)고 덧붙였다. 이로써 그는 자신의 원고가 갖는 의미를 에둘러 밝힌 셈이다. 그러면서 슐리크에게 '생소한 의학적 주제'라서 거부감이 일 수도 있겠지만, 부디 한번 읽어 봐 주기를 간청했다.

편지를 보낸 사람은 루드빅 플렉(Ludwik Fleck, 1896~1961)으로, 당시에는 폴란드에 속했고 지금은 우크라이나 지역인 르비우(Lviv)에서 독자적으로 세균학을 연구하던 유대인 출신 의사였다. 슐리크는 바쁜 탓에 바로 답하지 못했고, 이듬해인 1934년 3월에 이르러서야 답장을 보낼 수 있었다. 슐리크는 겨울학기가 끝난 후에야 비로소 원고를 읽을 수 있었다며 늦은 답장에 사과하고, 전공하는 분야가 달라 확신하기 어렵고 도출된 결론에도 동의하기는 어렵지만 사고의 폭을 넓힐 좋은 내용이라고 총평했다. 이어 출판을 돕겠다면서 출판사에 추천해 보겠다고 했다. 하지만 그 원고는 빈에서 출간되지 못했다. 그 이유가 잘 팔리지 않을 것이라는 출판사의 판단 때문이었는지, 책 내용과 분야가 당시로서는 생각지 못한 것이어서(슐리크도 의학 분야의 전문가에게 평가를 의뢰해야 한다는 이야기를 덧붙였다) 출판사가 주저했기 때문이었는지, 이도 저도 아니라면 나치가 정권을 장악하면서 유대인 저술의 출간을 껄끄럽게 생각했던 정치적 동기 때문이었는지는 분명하지 않다.

우여곡절 끝에 이 원고는 1935년 스위스 바젤에서 ≪과학적 사실의 생성과 발전(Entstehung und Entwicklung einer wissenschaftlichen Tatsache)≫으로 출간되면서 드디어 빛을 보았다. 부제는 "사고양식론과 사고집단론의 입문서(Einführung in die Lehre vom Denkstil und Denkkollektiv)"다. 플렉이 초고에 붙인 제목과 부제는 이와 달랐다. 플렉이 생각한 제목은 "과학적 사실의 분석: 비교인식론 시도"였는데, 여기서 플렉은 '비교인식론'이라는 용어를 통해 우리의 인식 방식이 시대와 환경에 따라 달라진다는 점을 강조하려 했다.

> 모든 인식 작용의 사회학적 의존성을 근본에서부터 낱낱이 고려하지 않는 그 어떤 인식론도 한낱 소일거리에 불과하다. 그러나 이러한 사회적 의존성을 인간의 어쩔 수 없는 부족함에서 나오는 필요악으로 여겨서 극복해야 한다고 믿는 사람도 그러한 사회적 의존성 없이는 인식 자체가 가능하지 않을 수 있다는 점, 다시 말해 '인식'이라는 단어는 사고집단(Denkkollektiv)과 연관될 때만 의미를 지닌다는 사실을 이해하지 못한다.(Fleck, 2019: 59-60)

이렇듯 플렉은 쿤보다 30년가량 앞서 논리실증주의를 비판했지만, 아쉽게도 반향이 거의 없었다. ≪과학적 사실의 생성과 발전≫은 발행 부수가 650권이었는데, 1940년 9월 재고가 462권 남아 있었다는 출판사의 보고로 보아 제2차 세계대전이 일어날 때까지 몇 년 동안 고작 200권 정도 팔린 셈이다. 게다가 전문적 서평조차 별로 없었다. 외국에서는 물론이고 자국이던 폴란드에서도 반응이라고 해 봐야 그저 서평 몇 편뿐이었다. 야심에 찬 포부와 달리, 플렉의 목소리는 찻잔 속 태풍에 불과했다. 왜 플렉은 쿤처럼 20세기의 가장 중요한 사상가 중 한 사람으로 일찍 자리매김하지 못했을까?

홀로코스트 생존자와 '사고양식'

그 이유를 짐작하기란 그리 어렵지 않다. 미국의 일류 대학교 교수로 주류 중의 주류 학계에 속했던 쿤과 달리, 플렉은 서구가 아니라 폴란드라는 동유럽 '변방'의 학계에서 활동하던 소위 '비주류' 학자였다. 게다가 플렉은 병원과 연구소 등에서 오랫동안 재직하면서 비슷한 분야의 다른 연구자와 학술적 교류를 지속하기는 했지만, 공동 프로젝트에 참여하기보다는 주로 개인 실험실에서 홀로 연구했다. 플렉이 편지를 써서 어렵게나마 관계를 맺었던 슐리크마저 1936년 제자가 쏜 총에 맞아 삶을 마감하자 주류 학계와의 가느다란 연결조차 끊겼다. 당시 슐리크가 활동했던 빈은 적어도 그때에는 변방이 아니라 중심부였다. 그래봤자 플렉과 슐리크는 편지로 연락했을 뿐 단 한 번도 직접 만난 적이 없었다. 플렉 자신의 용어를 빌리자면, 플렉보다 쿤이 '사고교류(Denkverkehr)'의 폭이 비교할 수 없을 정도로 넓었다. 아울러 독일어로 출간된 플렉의 주저는 쿤도 지적했듯 영어권 독자가 접근하기 어려웠다.

≪과학적 사실의 생성과 발전≫이 출판될 무렵, 유럽의 정치적 상황도 이제 막 신진 학자로서 주류 학계와 접촉을 꾀했던 플렉에게 그다지 좋지 않았다. 책이 출판되고 몇 년 지나지 않아 나치가 오스트리아를 점령했고 이어 폴란드를 침공하면서 제2차 세계대전이 발발했기 때문이다. 이는 유대인인 플렉에게 학술적으로 치명적이었다. 무엇보다 플렉이 나치의 강제수용소에 갇히면서 진행하던 연구가 중단될 수밖에 없었다.

독일이 소련을 공격한 1941년 여름 독일군은 르비우에 진주했고, 플렉과 그 가족은 그곳에 조성된 유대인 거주지 게토에 수용되었다. 플렉은 1943년 초 아우슈비츠 강제수용소로 이송되기 전까지 그곳 병원에서 의사로 일했다. 한편 화학-박테리아 연구소에서 연구를 계속하기도 했는데, 이는 감염병이 자주 창궐했기 때문이었다. 게토는 면적에 비해 터무니없이 많은 사람이 밀집해 있어 티푸스와 같은 감염병이 자주 발생하기 좋은 환경이었지만, 이에 대처할 마땅한 약이 없었다. 그래서 플렉은 티푸스를 예방할 백신을 개발하고자 했다. 이 작업은 1942년 초에 시작되어 몇 달 후 동물 실험까지 마쳤다. 플렉은 본인을 포함해 자신과 가까운 사람의 신체에 직접 실험하기까지 했지만, 결과적으로 백신을 완성하지 못했다.

그런데 이러한 사실이 독일군에게 알려지자 나치는 플렉을 눈여겨보았고, 근처 제약 회사에서 티푸스 주사제를 생산하는 일을 맡도록 했다. 두어 달이 지난 후 플렉은 가족과 함께 아우슈비츠 강제수용소로 이송되었고, 여기서도 수용소 병원에서 환자를 진료했다. 개인적으로는 티푸스에 대한 실험을 계속했다.

1943년 말 플렉은 이번에도 가족과 함께 부헨발트(Buchenwald) 강제수용소로 이송되었다. 그곳에는 이미 티푸스 주사제를 추출하기 위한 실험실이 설치되어 있었다. 이렇듯 독일도 자국 병사를 위한 효과적인 티푸스 백신을 개발하는 데 박차를 가하고 있었다. 플렉은 이곳에서 연합군 포로와 함께 티푸스 백신 개발에 참여했다. 하지만 연합국에 유리하도록 백신 개발을 의도적으로 멈추거나 일부러 지지부진하게 했다. 물론 이러한 '영웅적 저항'은 플렉이 주도한 일이 아니었지만, 티푸스 백신 전문가가 거의 없던 상황에서 플렉이 중요한 역할을 했음은 분명하다. 아우슈비츠와 부헨발트 수용소에는 인체 실험을 주도하는 팀도 있었는데, 플렉은 그 실험을 근거리에서 목격했다. 전쟁 후 플렉은 이때 경험한 바를 토대로 인체 실험의 부당성을 고발하는 글을 쓰기도 했고, 전후 뉘른베르크 전범 재판에서 그에 관해 증언하기도 했다.

종전 직전인 1945년 4월 초 플렉은 부헨발트 수용소에서 해방되어 몇 달 후 폴란드로 되돌아왔다. 이후 의과대학에서 근무하며 연구소에서 자신의 연구를 계속했다. 백혈구과민증을 비롯해 의학에 관련된 여러 연구를 수행했고 여러 나라에서 논문 총 87편을 발표했다. 그중 일부는 과학사에 관한 연구로, 전쟁 이전과 마찬가지로 플렉이 과학철학에 계속 관심을 가졌음을 보여 준다. 하지만 과학사와 과학철학에 관한 글은 외국에 발표한 적이 없고 거의 폴란드어로 쓰였다. 전쟁 전의 연구를 다시 정리하는 셈이었지 더욱 발전시키지는 못했다. 1957년에 발표된 어떤 글을 보면 이때 플렉은 ≪과학적 사실의 생성과 발전≫의 후속작을 준비했던 듯하지만, 말년에 이주한 이스라엘에서 1961년 심장병으로 사망하는 바람에 그 계획은 실현되지 못했다.

냉전 초기에 생존한 유대인의 삶은 그리 녹록지 않았다. 전후에도 반유대주의가 여전히 횡행했고, 폴란드에서도 이들 생존자를 그다지 환영하지 않았다. 홀로코스트 생존자에 대한 진지한 관심은 훨씬 더 나중에 나타났다. 공산주의 정권도 전후 유대인과 이스라엘에 전혀 우호적이지 않았다. 이러한 맥락에서 파시즘과 냉전을 거치면서 중단될 수밖에 없었던 플렉의 연구는 망각에 빠져들었다.

이것이 사실이지만, 그렇다고 이에 만족하면 정작 우리는 플렉의 '사고양식(Denkstil)' 개념을 제대로 이해하지 못하는 것이 아닐까? 곧 플렉이 강조한 역사적이고 사회문화적인 맥락을 무시하는 것이 아닐까? 플렉의 '업적'이 잊힌 일 자체도 역사적 국면에서 나타난 한 '사건'일 테고, 따라서 플렉의 역사적 분석에 맞게 설명해야 하는 것이 아닐까? 요컨대 '사고양식'의 차원에서 해명해야 하는 것이 아닐까?

결론적으로 플렉의 주장이 당시 널리 인정받지 못한 것은 그가 변방의 학자였기에 일어난 일이라기보다 당대의 '사고양식'에서 비롯한 일이었다. 여기서 조심해야 할 점은 이를 플렉의 이론이 파시즘과 냉전이라는 시대적 분위기에 적합하지 않았다는 뜻으로 해석하지 말아야 한다는 것이다. 비록 플렉이 과학지식의 역사사회성을 강조하기는 하지만, 이를 역사적 맥락이나 사건이 사고양식에 영향을 미친다는 의미로 단순하게 이해해서는 안 된다. 물론 전후 미국에 플렉의 사상을 수용하기 어려운 정치적 분위기가 있었던 것은 분명하다. 공산주의 국가에서 나온 이론, 게다가 '집단'이나 '강요' 등 '자유민주주의' 국가에서 금기시하는 용어가 적지 않게 등장하는 플렉의 이론이 미국에서 마냥 환영받을 수는 없었다. 매카시즘의 그늘 아래 있던

1950년대에 조금이라도 공산주의에 '오염된' 용어는 가능한 한 누구나 피하고 싶었을 것이다. 그러나 이러한 외부의 사회정치적 흐름이 사고양식에 영향을 미쳤다고 단순하게 이해하기보다, 20세기 중반까지는 물리학의 주도하에 생겨난 전일적이고 체제적이며 거대한 변화를 강조하던 사고양식에 쿤의 패러다임이 더 적합했고, 의학과 생물학의 사고집단에 속한 플렉의 사상, 곧 변형이 항상 존재한다고 보고 유기체적·미시적인 변화를 강조하는 주장이 아주 낯선 것이었다고 설명하는 편이 나을 것이다.

길들여지지 않는 모비 딕

1960년대 초 쿤의 패러다임 이론이 과학계에 널리 퍼졌지만, 쿤이 서문에 언급한 플렉의 이론은 여전히 한낱 각주에 불과했다. 물리학 전공자인 쿤은 자신의 이론을 설명할 때 주로 물리학적 발견에 초점을 맞추었다. 이는 쿤이 자연과학 내에서 물리학이 가장 성숙한 단계에 도달했다고 보았기 때문일 것이다. 또한 물리학적 발견이야말로 가장 극적인 '혁명적' 전환을 보여 주고 쿤의 패러다임 이론에 '더 적합하다'. 이에 비하면 플렉의 이론은 덜 극적이고 미시적인 변화가 많으며 더 상대적이다. 그러므로 당시에는 일반인은 물론 과학자에게도 쿤의 이론이 플렉의 이론보다 더 설득력이 있었을 것이다.

그러나 21세기에 들어와서 플렉의 이론이 쿤의 패러다임 이론에 아이디어를 제공했을 뿐 아니라 쿤보다 과학의 본질을 더 잘 꿰뚫어 보았다는 주장도 심심치 않게 들린다. 특히 브뤼노 라투르(Bruno Latour)는 ≪과학적 사실의 생성과 발전≫의 프랑스어 번역본에 후기를 쓰면서 그 책을 모비 딕에 비유해 다음과 같이 말했다. “정말 놀라운 책이다. 이것은 어쩐지 모비 딕과 닮았다. 잠잠하다가 수십 년마다 불쑥 솟아나더니 다시 조용히 사라지는 것이 말이다.… 그 유명한 백경이 그러하듯, 이 책은 수많은 과학사학자로 가득 찬 배를 단번에 침몰시킬 수 있다. 늘 고래를 길들이길 원했던 선장 아합처럼, 토머스 쿤도 그렇게 하고 싶었지만 성공하지 못했다.”(Latour, 2005)

쿤이 플렉에게 ‘영향을 받았다’는 점은 널리 알려진 사실이었고, 쿤 스스로 명확하게 여러 번 밝혔다. ≪과학혁명의 구조≫ 서문에서 쿤은 이 점을 분명히 했다. “[나는] 거의 알려지지 않았던 루드빅 플렉의 연구서인 ≪과학적 사실의 생성과 발전≫을 접할 수 있었는데, 이 책은 내 아이디어의 많은 부분을 예견했다.… 나는 플렉의 책 덕에 내 아이디어를 과학공동체의 사회학을 통해 구현할 필요가 있음을 깨달았다.”(Kuhn, 1970: vi-vii)

쿤의 저작이 명성을 떨치기 시작하면서 플렉에 관한 관심도 꾸준히 늘었으며, 덩달아 쿤과 플렉의 관련성이 간간이 언급되었다. 플렉의 책이 1987년 영어로 번역되었을 때 쿤은 서문을 썼고, 훗날 한 대담에서 그 관련성을 상세하게 밝혔다. 이에 따르면 쿤은 플렉의 책을 한스 라이헨바흐(Hans Reichenbach)가 쓴 ≪경험과 예측(Experience and Prediction)≫(1938)에서 처음 접했다. 이 책에서 플렉의 저서는 딱 한 번 각주에 언급되었는데, 쿤은 제목만 보고서 이미 관심을 보였다. “맙소사, 나는 말했지요. 누군가 이러한 제목으로 책을 썼다면 나는 그것을 읽어야만 한다고 말이죠. 그와 같은 것은 쉽게 생각할 수 있는 게 아니죠. 사람들은 생성(Entstehung)에 관해서는 생각할 수 있을지 모르지만, 발전(Entwicklung)은 생각하지 못하지요.”(Kuhn, 2000: 283) 쿤은 호기심이 일어 ≪과학적 사실의 생성과 발전≫을 읽었지만 “독일어 책이 어렵지만 않았어도 많이 배울 수 있었겠으나” 그러지 못했고, 자신의 길을 스스로 개척할 수밖에 없었다. 플렉이 창안한 ‘사고집단’ 개념에 대해서는 동의하기 어려웠다는 점도 쿤이 나름의 길을 간 배경이 되었다. 요컨대 쿤은 플렉의 책을 보기 전에 이미 자신의 책 내용을 구상하고 있었고, 그 과정에서 플렉의 책을 읽기는 했지만 구체적인 도움을 받지 않았다.

그런데 최근 한 논문은 쿤이 자기 아이디어를 발전시킨 것이 아니라 플렉의 책을 보고 그 내용을 자기 생각인 양 꾸몄다고 주장한다. 쿤이 "플렉의 사상을 도용"(Jarnicki & Greif, 2024: 33)했다는 것이다. 이 주장의 진위를 당장 명확히 판단하기란 어렵다. 그러나 여기서 중요한 사실은 쿤과 플렉이 각각 기존 과학철학과 과학사 전통에서 크게 벗어나는 새로운 방식으로 비슷한 아이디어를 체계화했다는 점이다. 쿤의 용어에 따르면 일종의 '동시 발견'인 셈이다. 쿤과 플렉은 지적 분야와 배경이 달랐다. 쿤이 물리학자로서 과학적 인식과 역사에 집근했나면, 플렉은 의사이자 세균학자로서 생물학적 인식 틀로 과학과 사회의 인식 문제를 탐구했다. 넓은 틀에서 보면 둘 다 과학자 집단의 구성원이었지만 이들의 지적 배경은 과학 내 학문적 차이와 특성으로 인해 크게 달랐다. 플렉의 사상이 생물학적 관점과 역사사회적 요소에 초점을 맞추었다는 점은 다음과 같은 언명들에서 확인할 수 있다. "과학은 결정체처럼 하나하나 덧붙여서 성장하지 않고, 살아 있는 생명체처럼 모든 혹은 거의 모든 부분이 전체와 조화를 이루며 발전함으로써 성장한다."(Fleck, 2014: 369-370) "마치 예술이 음악,

회화, 시 등의 전체 합이 아닌 것처럼, 과학 역시 여러 분과가 하나씩 더해져서 일정한 동일한 전체를 형성하는 것이 아니다."(Fleck, 2014: 369) 이러한 태도가 ≪과학적 사실의 생성과 발전≫의 철학적 기반이 ≪과학혁명의 구조≫의 그것과 어떻게 다른지 말해 준다. 이러한 차이는 그저 이들이 드는 사례가 물리학적 사례인지 생물학적 사례인지에만 국한되지 않고 인식의 구조와 개념에 상당한 영향을 미쳤다.

시간이 지날수록 플렉의 사상에 대한 관심이 점점 커지고 있다. 플렉의 사상과 쿤의 사상이 지닌 유사성이 처음 제기된 1960년대 이후 줄곧 양자의 관련성에 관한 논의가 이어져 왔다. 21세기에 들어서도 그치지 않는다. 이는 파시즘과 냉전의 이면에서 안타깝게 사라진 과학사의 한 장면을 복원하려는 정치적·사회적 분위기가 작용하기 때문이기도 하지만, 근본적으로는 우리가 사고양식의 변화를 직접 겪고 있기 때문이다. 이제 플렉의 사상을 원초적 아이디어로 삼아 새로운 양식 전환을 기대해 봄 직하다.

참고문헌

Amsterdamska, O. et al.(2008). Medical Science in the Light of a Flawed Study of the Holocaust: A Comment on Eva Hedfors' Paper on Ludwik Fleck. *Social Studies of Science, 38*(6), pp. 937-944.

Fleck, L.(2014). *Denkstile und Tatsachen: Gesammelte Schriften und Zeugnisse*. Berlin: Suhrkamp Verlag.

Fleck, L.(2019). *Entstehung und Entwicklung einer wissenschaftlichen Tatsache: Einführung in die Lehre vom Denkstil und Denkkollektiv*. Berlin: Suhrkamp Verlag.

Grzybowski, A. & Ciesielska, M.(2014). Lesser Known Aspects of Ludwik Fleck's(1896-1961) Heroic Life During World War II. *Journal of Medical Biography, 24*(3), pp. 402-408.

Hedfors, E.(2007). Medical Ethics in the Wake of the Holocaust: Departing From a Postwar Paper by Ludwik Fleck. *Studies in History and Philosophy of Biological and Biomedical Sciences, 38*(3), pp. 642-655.

Hedfors, E.(2008a). Medical Science in the Light of the Holocaust: Departing from a Post-War Paper by Ludwik Fleck. *Social Studies of Science, 38*(2), pp. 259-283.

Hedfors, E.(2008b). Medical Science in the Light of the Holocaust: Reply to a Biased Reading. *Social Studies of Science, 38*(6), pp. 945-950.

Jarnicki, P. & Greif, H.(2024). The 'Aristotle Experience' Revisited: Thomas Kuhn Meets Ludwik Fleck on the Road to Structure. *Archiv für Geschichte der Philosophie, 106*(2), pp. 313-349. https://doi.org/10.1515/agph-2020-0160

Kuhn, T.(1970). *The Structure of Scientific Revolutions.* Chicago: University of Chicago Press.

Kuhn, T.(1979). Foreword. In Fleck, L.(1979). *Genesis and Development of a Scientific Fact,* pp. vii–xi. Bradley, F. & Trenn, T. J.(trans.). Chicago: University of Chicago Press.

Kuhn, T.(2000). *The Road since Structure: Philosophical Essays, 1970–1993, with an Autobiographical Interview.* Chicago: University of Chicago Press.

Latour, B.(2005). Transmettre la syphilis, partager l'objectivité. In Fleck, L.(2005). *Genèse et développement d'un fait scientifique.* Jas, N.(trans.). Paris: Les Belles Lettres. http://www.bruno-latour.fr/node/371.html

차례

일러두기

- 인명, 작품명, 저서명, 개념어 등은 한글과 함께 괄호 안에 해당 국가의 원어를 병기했습니다.
- 외래어 표기는 현행 어문규정의 외래어표기법을 따랐습니다. 다만 "Ludwik Fleck"은 통용되는 표기를 고려해 "루드빅 플렉"으로 표기했습니다.
- 인용문에서 고딕체로 강조된 부분은 모두 원저자에 의한 것입니다.

01
르비우의 사고교류

플렉이 늘 강조했듯 과학의 위대한 발견은 뛰어난 개인의 성취가 아니라 사회의 집단적 산물이다. 이러한 맥락에서 플렉 자신의 놀라운 성과도 역사사회적으로 설명되어야 한다. 플렉이 자라고 연구했던 도시인 르비우는 20세기 초 여러 문화를 융합하는 분위기를 만들어 냈고, 그 속에서 플렉은 자신만의 독특한 이론을 발전시킬 수 있었다. 플렉은 자기 전문 분야인 의학의 경계를 넘어 철학자나 예술가 등과 활발한 '사고교류'를 하면서 과학철학의 토대를 과학에서 사회 전반으로 확대했다.

르비우의 문화

플렉이 출생한 1896년, 그의 고향 르비우는 오스트리아가 점령하고 있었다. 하지만 상대적으로 폴란드의 민족문화가 어느 정도 용인되었기 때문에 플렉은 폴란드 문화와 오스트리아 문화를 동시에 교육받았다. 르비우는 당시 유럽 근대 문화의 중심지였던 빈과 아주 가까워 빈에 큰 영향을 받았다. 당시 과학철학의 본산이었던 빈은 논리실증주의를 내세웠고, 플렉도 당연히 그것의 자장 속에 있었다. 1927년 플렉이 빈에 있던 국립혈청치료연구소에서 근무하던 당시 빈 모임의 활동은 절정에 달했다.

모국어는 폴란드어였지만 독일어를 완벽하게 구사할 줄 알았던 플렉은 1914년 르비우대학교에 입학했다. 그러나 제1차 세계대전이 발발하면서 군대에 복무하느라 학업을 중단했다. 전쟁 후 복학했고 의학을 전공했지만 이미 학부 때부터 미생물학 연구에 지대한 관심을 보였다. 유명한 티푸스 전문가인 루돌프 바이글(Rudolf Weigl)이 르비우대학교에 부임하자 플렉은 그의 조수로 감염병연구소에서 1923년까지 근무했다. 병원에서 일한 후 귀가하면 홀로 개인 연구를 계속했기 때문에 사교 활동이 거의 없었다. 플렉은 의학과 미생물학뿐 아니라 철학, 사회학, 과학사 등 다양한 분야를 섭렵했다. 대학교 연구원을 그만둔 뒤에도 개인적으로 박테리아 실험실을 마련해 연구에 몰두했고, 종합병원 등에서 계속 환자를 돌보았다. 이때 플렉의 주된 관심 분야는 혈청학이었다. 나중에는 병원 일도 그만둔 채 연구에만 집중했고, 1922년부터 1939년까지 여러 논문을 발표했다. 이들 대부분은 폴란드에서 발간되는 의학 전문 잡지에, 일부는 독일어권 국가의 의학 잡지에 게재되었다.

플렉은 1920년대부터 과학철학과 과학사에 대한 논문을 작성하기 시작했다. 이는 물론 우연이나 개인적 동기에서만 비롯한 것은 아니었다. 무엇보다 1920년대 후반과 1930년대에는 크라쿠프(Kraków), 포즈난(Poznań) 등 폴란드 전역에서 과학사 동호회가 창설되어 활발하게 활동했고, 르비우에서도 마찬가지였다. 르비우 과학사 동호회는 플렉의 스승이었던 브와디스와프 슈모프스키(Władysław Szumowski) 등에 의해 창립되었다. 플렉은 1926년 이 모임에서 최초의 연구 성과를 발표했다. 이로 미루어 보건대 플렉은 개인적 연구만 하지 않고 나름대로 주변 동료와 학술적 교류를 했다. 이듬해 플렉은 이때 발표한 것을 바탕으로 집필한 논문 "의학적 사고방식의 몇 가지 특징"을 폴란드 과학사·과학철학 전문 잡지에 실었다.

르비우-바르샤바학파

어떻게 플렉은 독특한 사고를 전개할 수 있었을까? 당시 플렉에게는 소위 근대적인 과학철학을 태동시킨 빈 모임의 철학적 논의가 중요했다. 플렉이 이 모임의 논의를 직접 접한 것은 르비우-바르샤바학파(Lviv-Warsaw School) 덕분이었다. 19세기 말 폴란드 철학자 카지미에시 트바르도프스키(Kazimierz Twardowski)가 주도한 이 학파는 1920년대와 1930년대에 르비우에서 왕성하게 활동했다. 당시 폴란드의 저명한 학자들이 여기에 여럿 모여 있었는데, 카지미에시 아이두키비에비치(Kazimierz Ajdukiewicz), 알프레트 타르스키(Alfred Tarski) 등이 그들이다. 이들은 빈 모임과 비슷한 시기에 활동했으며, 역시 논리실증주의를 수용해 발전시켰다. 이들은 국제학술회의 등을 통해 빈 모임의 철학자들과 교류했고, 직접적으로 교류하기도 했다. 예컨대 빈 모임의 대표자 중 한 명인 카르나프는 직접 폴란드에 가서 타르스키 등과 만나 여러 차례 강연과 토론을 했다. 플렉이 르비우-바르샤바학파에서 함께 활동한 것은 아니지만, 이들의 활발한 연구 활동을 통해 논리실증주의를 접할 수 있었다.

그러나 플렉은 빈 모임의 인식론에 비판적이었다. "자

연과학에서 형성된 인식론자, 예컨대 소위 빈 모임(슐리크, 카르나프 등)에서는 인간적 사고(적어도 이상으로서 마땅히 그래야 한다는 생각)가 고정되고 절대적인 데 반해, 경험적 사실은 상대적이다."(Fleck, 2019: 69) 빈 모임이 인간의 추상과 논리를 맹종한다는 비판이었다. 플렉은 객관적이고 고정된 지식의 토대, 곧 보편타당한 과학적 진리란 존재하지 않는다고 여겼다. 이러한 맥락에서 플렉은 슐리크보다 카르나프에 더 비판적이었는데, 카르나프가 단일 과학의 보편주의를 옹호했기 때문이다. 플렉은 과학을 명제나 명제의 체계적 결합으로만 이해해서는 안 되며, 그것이 복잡한 문화 현상임을, 다시 말해 사회적 활동의 결과임을 상소했다.

자연과학을 넘어서

르비우의 '사고집단'은 정말 다양한 분야에 종사하는 사람들로 구성되었다는 점에서 흥미롭다. 빈 모임 역시 '학파'라고 부르기 어려울 만큼 과학자, 철학자, 경제학자 등 여러 분야의 학자들로 구성되었고 나중에 여러 방면에 영향을 미쳤다. 이들과 교류한 르비우의 학자들은 사상적으로는 더 통일된 분위기를 띠었지만, 그 구성은 빈 모임보다 더 다채로웠다. 특히 르비우에는 학자와 예술가·문학가가 직접 교류하는 융합 문화가 존재했다. 이러한 문화적 다양성이 플렉으로 하여금 사회학과 인문학, 예술까지 포함한 그야말로 광범한 학문적 교류와 독특한 사고를 펼칠 수 있게 했다.

그 대표적 사례가 레온 흐비스테크(Leon Chwistek)와의 교류다. 수리논리학을 연구한 철학자이자 아방가르드 예술가였던 흐비스테크는 1919년부터 '실재의 다면성'이라는 독특한 이론을 발전시켰다. 처음에는 예술에 복수의 실재가 존재한다고 주장했고, 점차 철학적 인식과 과학 이론 역시 그러하다고 시사했다. 곧 경험적 지식은 결코 완전하거나 절대적인 것으로 통용될 수 없으며, 실재가 어떻게 경험되는지에 따라 달라진다고 주장했다. 이로써 흐비스테크는 빈 모임의 논리실증주의와 반대되는 이론을 제기했다. 이와 유사하게 플렉은 1929년 한 논문을 통해 경험과 무관한 절대적 실재란 존재하지 않는다고 주장했다. 흐비스테크는 플렉의 ≪과학적 사실의 생성과 발전≫이 출간되었을 때 몇 안 되는 서평 가운데 하나를 썼고, 매우 긍정적인 반응을 보였다.

과학적 인식에 대해 플렉과 비슷한 견해를 지녔던 생물

학자 얀 뎀보프스키(Jan Dembowski)와의 지적 교류도 빼놓을 수 없다. 나중에 폴란드 과학아카데미의 초대 회장을 지낸 뎀보프스키는 과학자가 새로운 사실을 발견할 때 겪는 창조적 과정에서 환상적 게슈탈트(Gestalt)가 중요한 역할을 한다고 믿었다. 뎀보프스키도 1939년 ≪과학적 사실의 생성과 발전≫과 다른 두 편의 글을 함께 비평하는 글을 기고하면서 과학적 사실이 문화적·사회적 요소와 연관되어 발생한다는 플렉의 논지에 동의를 표했다.

이 밖에도 플렉은 박테리아 연구에서 인식론 연구로 관심을 넓히는 과정에서 지식사회학이나 철학적 인식론을 깊이 살폈다. 플렉은 슐리크에게 보낸 편지에서 자신의 원고가 상당 부분을 '인식사회학에 할애'했다고 말했다. 이처럼 플렉은 당시 지식사회학의 동향에도 눈길을 떼지 않았다. 사회학자 뤼시앵 레비브륄(Lucien Lévy-Bruhl)과 빌헬름 예루잘렘(Wilhelm Jerusalem)의 글은 비록 플렉에게 비판받기는 했지만, 플렉이 양식 개념과 게슈탈트 개념을 정립하는 데 중요한 역할을 했다.

참고문헌

Engler, F. O.(2010). Koinzidenzen, Gestalten und Denkstile: Moritz Schlick und Ludwik Fleck über die Objektivität am Fundament der Erkenntnis und die Bedeutung der Wissenschaftsgeschichte. *Moritz Schlick: Ursprünge und Entwicklungen seines Denkens*, pp. 339–386. Berlin: Parerga.

Fleck, L.(2014). *Denkstile und Tatsachen: Gesammelte Schriften und Zeugnisse*. Berlin: Suhrkamp Verlag.

Fleck, L.(2019). *Entstehung und Entwicklung einer wissenschaftlichen Tatsache: Einführung in die Lehre vom Denkstil und Denkkollektiv*. Berlin: Suhrkamp Verlag.

Giedymin, J.(1986). Polish Philosophy in the Inter-War Period and Ludwik Fleck's Theory of Thought-Styles and Thought-Collectives. In Cohen, R. S. & Schnelle, T.(eds.). *Cognition and Fact: Materials on Ludwik Fleck*, pp. 179–216. Dordrecht: Reidel.

Schnelle, T.(1982). *Ludwik Fleck – Leben und Denken: Zur Entstehung und Entwicklung des soziologischen Denkstils in der Wissenschaftsphilosophie*. Freiburg: Hochschulverlag.

Szaniawski, K.(ed.)(1989). *The Vienna Circle and the Lvov-Warsaw School*. Dordrecht: Kluwer Academic Publishers.

Werner, S.(2023). *Lemberger Moderne: Studien zur Entstehung einer Wissenskultur*. Verlag Fink.

02

양식과 게슈탈트

양식과 게슈탈트는 플렉 사상의 토대를 이루는 두 개념이다. 두 개념 모두 사회적 관계에서 나온다. 이는 과학적 지식이란 개인의 활동이 아니라 여러 사람의 집단적 활동에서 생긴다는 전제에 따른 것이다. 플렉에 따르면 우리가 무엇인가를 인식할 때, 인식하는 주체와 인식되는 대상뿐 아니라 제3의 요소인 사물을 인식하려는 태도나 자세, 즉 '양식'이 작용해야만 한다. 양식은 어떤 특정한 사회와 특정한 역사 속에서 끊임없이 변화하며, 구체적으로는 사물을 전체적으로 인식하려는 특정한 게슈탈트에서 비롯한다.

문화에서 온 개념: 양식

르비우의 독특한 '사고양식' 속에서 플렉의 사상이 발전했고, 그 기반이 되는 양식 개념과 게슈탈트 개념도 정립되었다. 19세기에 사용된 '양식(Stil)'이라는 용어는 문화 연구, 특히 미술사에서 나왔다. 건축가인 고트프리트 젬퍼(Gottfried Semper)가 양식을 시대적·문화적 개념으로 사용했고, 알로이스 리글(Alois Riegl)과 하인리히 뵐플린(Heinrich Wölfflin)이 시대적 특성을 지칭하는 개념으로 정착시켰다. 양식 개념은 20세기 초 사회학과 자연과학에도 적용될 정도로 널리 퍼졌다. 음악가 아널드 쇤베르크(Arnold Schönberg)도 양식이라는 용어를 사용한 것으로 보아, 이는 당시 예술사에서 그리 낯선 개념이 아니었다.

예술사에서 사용되던 양식 개념을 지식과 연결한 것은 철학자 에른스트 카시러(Ernst Cassirer)였다. 카시러는 요한 볼프강 폰 괴테(Johann Wolfgang von Goethe)가 사용한 양식 개념과 알렉산더 폰 훔볼트(Alexander von Humboldt)의 연구를 참조해 '사고양식'이라는 개념을 만들었다. 철학에서 사용되던 이 개념을 사회학에 접목한 사람은 바로 지식사회학의 토대를 쌓은 사회학자 카를 만하임(Karl Mannheim)이었다. 만하임은 1920년대 초반, 즉

1927년 처음 사고양식이라는 용어를 사용한 플렉보다 몇 년 앞서 이 용어를 사용했다. 물론 만하임도 그것을 개념으로 정립한 시점은 1925년으로 추정된다. 그런데 플렉은 ≪과학적 사실의 생성과 발전≫에서 카시러나 만하임을 전혀 언급하지 않기에(1936년에 폴란드어로 쓴 논문에는 만하임의 이름이 나오지만, 여기서도 그의 제자 레비브륄만 다룬다), 플렉이 이들에게서 사고양식 개념을 이어받았는지 혹은 스스로 정립했는지는 분명하지 않다. 그러나 이보다 더 중요한 사실은 만하임과 플렉이 그 용어를 사용하는 방식에서 (물론 공통점도 있지만) 적지 않은 차이를 드러낸다는 점이다.

플렉이 사고양식이라는 용어를 개념으로 정립해 사용하기 시작한 것은 독일의 유력한 과학 잡지인 ≪자연과학(Naturwissenschaften)≫에 "'실재'의 위기에 관하여(Zur Krise der 'Wirklichkeit')"라는 논문을 기고한 1929년이었다. 이 논문은 한 해 전 같은 잡지에 쿠르트 리츨러(Kurt Riezler)가 실은 동명의 글에 대한 반박문이었다. 이보다 앞서 같은 잡지에 닐스 보어(Niels Bohr)가 양자물리학이 가져온 인식의 변화에 관한 글을 게재했고, 파스쿠알 요르단(Pascual Jordan)도 "양자물리학의 성격(Der Charakter der Quantenphysik)"이라는 논문으로 소위 '실재' 논쟁에 참여했다. 자연과학의 인식 철학을 놓고 벌이던 이 논쟁에서 플렉은 보어의 다음과 같은 주장을 인용하면서 실재라는 것이 절대적이라기보다 역사적·문화적 맥락에서 상대적으로 이해되어야 함을 강조했다.

> 양자론은 원자 현상에 대한 모든 관찰이 측정 도구와의 소홀히 할 수 없는 상호작용을 요한다는 점, 그리고 말하자면 그 현상과 관찰 도구에도 전통적 의미의 독자적인 물리적 현실태가 주어지지 않을 수도 있다는 점을 의미한다. 관찰이라는 개념은 본질적으로 어떤 대상을 관찰하는 일이 어떤 체계적 도구를 사용하는지에 기반하기에 임의성을 포함한다.(Bohr, 1928: 18)

플렉은 이 인용문 바로 다음에 오는 문장을 빠뜨렸는데, 그 문장이 도리어 플렉이 원한 보어의 핵심 문구일 터다. "결국 모든 관찰은 우리가 인식하는 의미대로 이루어질 수 있음이 자명하다."(Bohr, 1928: 18). 이렇듯 보어는 양자역학이 변화시킨 인식 체계에서는 관찰이 절대적인 것이 아니며 실재 역시 상대적이라고 주장했다. 이를 근거로 플렉은 누구나 갖는 "자기의 실재(eigene Wirklichkeit)"를 강조했다. 플렉이 말하듯 실재가 상대적이라면 "모든 지식은 자신의 특정한 전통·교육과 연관된 자기 고유의 사고양식을 갖고 있다"(Fleck, 2014: 54). '주체'와 '객체' 모두 독자적 현실을 만들어 낼 수 없고, 모든 존재는 상호작용에 기인하기에 상대적이다.

플렉은 "'실재'의 위기에 관하여"에서 '개인적 사고양식', '과학적 양식(wissenschaftlicher Stil)' 등의 단어를 혼용했다. 이는 아직 '사고양식' 개념이 명료하게 정립되지 않았음을 보여 준다. 그러나 플렉은 확신하듯 말했다. "현재 우리는 새로운 사고양식의 탄생과 창조라는 광경을 경험하는 행운을 안고 있다."(Fleck, 2014: 63) 플렉은 양자물리학 덕에 사고의 전환이 이루어지고 있음을 확인했고, 이를 사고양식의 전환으로 이해했다.

여기서 강조해야 할 사항은 플렉이 사고양식 개념을 만하임과는 달리 사용했다는 점이다. 그와 달리 플렉은 사고양식을 선험적인 것으로 파악하지 않았다. 간혹 플렉은 이해를 돕기 위해 '사고체제(Denksystem)' 혹은 '사고형식(Denkform)'이라는 용어를 '사고양식'과 거의 같은 의미로 사용했다. 그러나 실상 플렉은 사고양식을 방법이나 구체적 형태 혹은 한 시대를 대표하는 세계관으로 보는 대신, 자연적으로 발생하는 사건으로 봤다. 사건은 여러 요소가 특정한 시간과 특정한 장소에서 서로 부딪히면서 발생한다.

따라서 일회성으로 일어나는 일이다. 요컨대 사고양식은 고정된 실체가 아니라 사고와 사회적 관습이 전파되고 유행하며 상호작용으로 사람들의 인식, 사고, 행위를 규정하는 사건을 가리킨다.

흔히 예술은 인간이 스스로 창조하는 것이고, 과학은 자연의 법칙을 찾아내는 것이므로 그 둘은 다르다고 여겨진다. 그러나 플렉에 따르면 실재는 각자 만들어 낸 세계고, 그 안에 존재하는 자연과 과학도 결국 각자에 의해 창조된다. 따라서 예술과 과학에는 근본적 차이가 없다. 그럼에도 플렉이 과학과 예술의 진행 방식이 유사하다는 주장까지 수용한 것은 결코 아니었다.

개념의 전용: 게슈탈트

게슈탈트 심리학은 20세기 초 오스트리아와 독일에서 등장했다. 정황상 플렉이 학문 여정 초기에 이 이론을 접했을 수 있다. 하지만 막상 플렉의 책을 읽어 봐도, 그가 게슈탈트를 자주 언급하고 이론을 발전시키지만 어떻게 게슈탈트 이론을 알게 되었으며, 구체적으로 누구의 이론에 근거하는지는 알 수 없다. 게슈탈트 심리학의 창시자로 알려진 막스 베르트하이머(Max Wertheimer), 볼프강 쾰러(Wolfgang Köhler), 쿠르트 코프카(Kurt Koffka) 가운데 그 누구도 인용되지 않거니와 그나마 유일하게 언급된 사람도 볼프강 메츠거(Wolfgang Metzger)의 책에 나오는 음악심리학자 에리히 폰 호른보스텔(Erich von Hornbostel) 뿐이다.

호른보스텔은 단어의 기원과 의미의 발달을 연구했다. 호른보스텔에 따르면 단어는 사물에 대한 임의적·관습적 명칭이 아니라 "대상의 살아 있는 이미지"(Fleck, 2014: 278)가 직접 표현된 것이다. 플렉이 이 대목을 인용한 것은 원초적 아이디어나 개념이 왜 오랫동안 사라지지 않는지 그 이유를 찾기 위함이었다. 이로써 플렉은 음성이나 표현 속에 초기의 아이디어가 담겨 있고, 그 아이디어가 (단어나 의미가 그 자체의 형태로서가 아니라) 다양한 문화적 경험을 통해 변형되어 전수된다는 점을 강조했다. 말하자면 플렉은 자신의 논지를 강화하기 위해 호른보스텔의 설명을 일부 이용한 셈이다. 이를 보면 플렉이 과연 당시 유행하던 게슈탈트 심리학의 이론을 정말 수용했나 하는 의문이 생긴다.

요컨대 플렉은 게슈탈트 심리학 이론을 그대로 받아들였다기보다 그저 게슈탈트라는 용어가 필요해서 자기 방식대로 전용해 사용했다. 단, 생물학자 뎀보프스키가 플렉에게 도움을 주었다. 뎀보프스키는 과학의 발견에 예술적 원천이 있다고 믿었고, 그것을 게슈탈트로 설명했다. 이 점에서 플렉은 결정적인 지적 선구자를 만난 셈이다. 물론 뎀보프스키와 플렉 사이의 차이점도 무시할 수 없다. 뎀보프스키는 게슈탈트가 연구자 개개인의 인식에 작용한다고 본 반면, 플렉은 게슈탈트를 사회의 집단적·역사적 문화 현상으로 이해했다.

이러한 차이는 플렉의 게슈탈트 개념이 사고양식과 밀접하게 관련된다는 데서 비롯한다. 플렉에 따르면 모든 과학적 관찰에는 한 시대와 한 사회의 공통적 표상이 반영된다. 즉 과학적 관찰자는 무엇인가를 볼 때 부분적인 것이 아니라 전체 형상인 게슈탈트를 먼저 떠올린다. 그래서 "만약 게슈탈트로 보지 않는다면, 아마도 추상적 개념에 대한 묘사는 물론이고 상호 이해도 (요컨대 일반적으로 과학도) 불가능할 것이다. 소위 자연과학(물리학)은 분석 과정을 통해, 그리고 이상적인 대상을 가정함으로써 특정한 게슈탈트를 만들어 낸다"(Fleck, 2014: 534). 이 게슈탈트를 사람이 보고 간직하는 것은 "특정한 그룹 내에서 함께 살아감으로써 등장하는 한 특정한 지각과 연상의 준비 자세", 곧 역사적·사회적 분위기 덕분이다.

이처럼 플렉은 게슈탈트 심리학 이론에서 아주 기초적인 것만 수용한 듯하다. 그 기초적인 것이란 다음과 같다. "심리학이 가르치는 바는 모든 지각에서 무엇보다 어떤 전체 형태를 보라는 것이다.… 하지만 인간은 그 요소를 나중에야 비로소 본다. 바로 그러한 전체, 곧 의미 있는 지각을 직접 떠올리는 전체는 그것의 구성물인 부분과 무관한데, 심리학은 바로 그 전체를 '게슈탈트'라고 부른다."(Fleck, 2014: 392)

플렉은 게슈탈트에 관한 여러 이미지를 보여 주었다. 그런데 그 이미지란 대부분 자신의 분야인 의학에서의 이미지, 특히 현미경으로 관찰할 때 확인되는 박테리아의 모양이었다. 플렉은 박테리아 모양을 처음 봤을 때 알파벳 형태를 가장 먼저 연상했다면서, "게슈탈트를 통해 보는 것의 문제는 알파벳을 볼 때 가장 잘 드러난다"(Fleck, 2014: 392)고 말했다. 가장 오래되고 일상적인, 즉 가장 역사사회적인 형태인 알파벳을 전문적 연구의 대상인 박테리아와 연결한 셈이다. 가령 현미경을 통해 디프테리아 세균의 표본을 확인할 때, "문외한이 금방 형태를 알 수 없는 것을 전문가가 보고 곧이어 단지 몇 마디로 그 특징을 설명하려는 노력은 소용없다. 먼저 준비해야 하는 것이 있다. 그에게 알려진 형상과 비슷한 어떤 것을 보고, 현미경에 나타난 다른 모습과 비교하며, 전문가들 사이에 전해져 온 관련 용어를 정리하는 데 익숙해져야 한다"(Fleck, 2014: 251). 여기서 알 수 있듯 게슈탈트는 역사적이면서 사회적이다.

플렉은 게슈탈트와 연관된 여러 이미지를 제시하면서도 우리에게 익숙한, 토머스 쿤이 게슈탈트를 언급할 때 사용한 '토끼-오리'나 '루빈의 꽃병'과 같은 반전 이미지는 보여 주지 않았다. 반전 이미지가 게슈탈트를 이분법적으로 이해하게 할 가능성이 있기 때문이었을 듯하다. 플렉은 게슈탈트 개념을 사용할 때 '이것 아니면 저것'이라는 고정된 속성보다 음조가 바뀌거나 한 요소가 다른 것과 치환되는 것과 같은 속성을 강조했다. 사람이 어떤 대상을 전체로 보는 과정은 그 사회적·역사적 맥락에 따라 항상 다르게 나타난다고 생각했기 때문이다. 요컨대 게슈탈트 심리학의 일반적 이해와는 달리 플렉에게 게슈탈트는 결코 고정된 형태나 구조 혹은 인식의 전범(典範)이 아니었다. 문화적으로 만들어지고 변형되는 구성물이었다. 따라서 플렉이 말하는 게슈탈트는 게슈탈트 심리학에서 이야기하는 소위 '게슈탈트 법칙'과는 거리가 멀다.

참고문헌

Bohr, N.(1928). Das Quantenpostulat und die Entwicklung der Atomistik. *Naturwissenschaften, 16*(15), pp. 245–257.

Fleck, L.(2014). *Denkstile und Tatsachen: Gesammelte Schriften und Zeugnisse*. Berlin: Suhrkamp Verlag.

Fleck, L.(2019). *Entstehung und Entwicklung einer wissenschaftlichen Tatsache: Einführung in die Lehre vom Denkstil und Denkkollektiv*. Berlin: Suhrkamp Verlag.

Moulin, A–M.(1986). Fleck's Style. In Cohen, R. S. & Schnelle, T.(eds.). *Cognition and Fact: Materials on Ludwik Fleck*, pp. 325–386. Dordrecht: Reidel.

Neun, O.(2017). Zum Verhältnis von Ludwik Flecks und Karl Mannheims Wissenssoziologie. In Endreß, M. et al.(eds.). *Zyklos 3: Jahrbuch für Theorie und Geschichte der Soziologie*, pp. 71–89. Wiesbaden: Springer.

Zittel, C.(2011). Ludwik Fleck und Der Stilbegriff in den Naturwissenschaften, Stil als wissenschaftshistorische, epistemologische und ästhetische Kategorie. In Bredekamp, H. & Krois, J. M.(eds.). *Sehen und Handeln*, pp. 169–205. De Gruyter.

03
매독의 역사

플렉은 의사로서 당시 의학에서 가장 중요한 분야였던 세균학에 관심이 많았다. 따라서 과학철학에 대한 이론을 구상할 때 본인이 연구하던 세균학의 사례를 예시로 들었다. 바로 매독의 역사나. 매독은 15세기 말 유럽에 등장한 이래 여러 병명이 붙었고 다양한 치료법이 제시되었다. 20세기 초 드디어 매독을 일으키는 병원체가 확인되었고, 곧이어 매독을 진단하는 방식까지 발견되었다. 이러한 사례를 연구하면서 플렉은 매독에 대한 과학적 지식이 절대적이라기보다는 역사사회적으로 달라진다는 점을, 다시 말해 '사고양식'의 변화에 의존한다는 사실을 밝혀냈다.

매독 개념의 역사

플렉은 ≪과학적 사실의 생성과 발전≫에서 "역사적으로 그리고 현상학적으로 매우 풍부하게 구성된"(Fleck, 2019: 2) 매독 개념의 역사를 추적했다. 매독 개념은 다양한 변화를 겪었다. 지금 우리는 매독을 "매독 스피로헤타라는 나선균에 의하여 감염되는 성병"(표준국어대사전)으로 정의한다. 의학적으로 더 정확하게 말하자면, 매독은 병원균 중 하나인 스피로헤타 팔리다[Spirochaete pallida. 현재 정식 명칭은 트레포네마 팔리덤(Treponema pallidum)]가 일으키는 감염병이다. 그렇다면 스피로헤타는 어떻게 발견되었고, 매독이라는 개념과 어떻게 결합했을까?

매독이 처음 등장한 15세기에 사람들은 그것을 '욕정이 일으키는 감염병(Lustseuche)'으로 정의했다. 이 애매하고 의학적이지 않은 표현은 당시 매독뿐 아니라 임질, 연성 하감(下疳) 등 다양한 성병을 포괄했다. 그뿐 아니라 한센병이나 통풍 심지어 변비까지 매독으로 불렸다. 곧 '매독'이라는 명칭은 비슷한 증상을 나타내는 여러 병을 한꺼번에 지칭했다. 중세의 윤리상 '부도덕한' 병을 모두 가리킨 셈이다. 의학적 기준이 아니라 윤리적 기준에 따라 개념이 만들어졌다. 플렉의 개념에 따라 말하자면 당시 사고양식에 맞게 개념이 규정되었다. 이렇게 '감정적으로' 규정된 매독 개념은 애초부터 역사적·사회적 상황에 영향을 받았다. 나중에 결핵은 낭만적이고 시적인 병으로, 한센병은 저주와 공포의 병으로 취급되기도 했지만 매독은 계속 욕망의 죄, 불명예스러운 것으로 여겨져 18세기만 해도 매독 환자는 체벌을 받기도 했다.

이후 이름이 어떻든 매독을 치료해야 할 상황이 발생하자, 치료 과정에서 매독의 개념이 약간 변화했다. 당시에는 고대의 금속 요법을 이어받아 매독을 수은으로 치료하려 했는데, 그 효과가 확실하지 않았다. 수은은 어떤 증상에 대해서는 효과를 보였지만 다른 증상에 대해서는 그러지 못했나. 수은 중독이라는 부작용도 만만치 않았다. 만약 같은 병이라면 수은으로 치료를 받았을 때 동일한 증상을 보여야 하는데 그러지 않았다. 따라서 개념의 혼동이 생겼다. 이때 매독 개념은 윤리적 방식이 아니라 치료 방식에 따라 규정되었다. 수은의 효과를 본 것은 매독으로, 효과를 보지 못한 것은 다른 병으로 구분되었다.

근대에 이르러 지식이 확대되고 새로운 실험 방식이 등장하면서 매독 개념은 더욱 혼란에 빠졌다. 여러 연구자가 실험을 진행하고 논리를 펼쳤다. 매독과 다른 성병, 특히 임질과의 구분에 대해서는 백가쟁명식의 논의가 이루어졌다. 그 결과 두 가지 논의가 매독 개념에서 중요해졌다. 첫째는 어떤 병원체, 특히 어떤 세균이 매독을 일으키는지 확인하는 논의였고, 다른 하나는 병원체가 과연 매독의 증상과 어떠한 인과관계가 있는지 확인하는 논의였다. 이처럼 매독 개념은 '윤리적이면서 신비주의적인' 개념에서 시작해 치료 경험을 통해 제시된 개념을 거쳤고, 병리발생학과 병인학에서 형성된 현재의 개념으로 완성되었다.

1905년 감염을 일으키는 세균인 스피로헤타 팔리다가 매독균으로 확정되면서 매독 개념을 둘러싼 논란에 마침표가 찍혔다. 이 과학적 사실을 발견한 이는 프리츠 샤우딘(Fritz Schaudinn)이었다. 지금도 대다수 과학 서적은 매독을 일으키는 원인균인 스피로헤타 팔리다를 샤우딘이 '발견'했다고 서술한다.

역사사회적 요인

플렉은 1905년 초 매독균의 발견자가 될 수 있었던 샤우딘의 경쟁자를 언급한다. 욘 지겔(John Siegel)이다. 지겔은 사이토릭테스 루이스(Cytorrhyctes luis)가 매독의 병원체라고 주장했다. 그렇다면 왜 지겔이 아니라 샤우딘이 최종 승리자로 등극했을까? 누구나 주저 없이 이렇게 말할 것이다. 샤우딘의 발견이 과학적으로 맞았고 지겔의 발견이 틀렸기에 그랬던 것이 아닌가! 하지만 플렉의 답변은 달랐다. "샤우딘의 발견을 다룬 문장을 정확하게 정리하면 다음과 같다. '샤우딘은 매독과 그 원인에 대한 당대의 인식에 맞추어 스피로헤타 팔리다를 매독의 병균으로 제안했다. 스피로헤타 팔리다의 이러한 의미 역시 수용되었고 매독에 대한 기본 지식을 보충하는 데 이용되었다.'"(Fleck, 2019: 56). 샤우딘의 주장은 과학적으로 옳았기 때문이 아니라 그저 당시 대다수 사람들의 인식에 맞추었기 때문에 채택되었다는 것이다. 만약 지겔이 자신의 발견을 당대의 인식에 맞추어 제시했더라면 승리자가 될 수 있었다는 주장이다. 플렉은 다음과 같이 말한다. "지겔도 … 자신의 구성물이 매독의 원인균이라는 것을 알았다." 다만 '자신의 지식'에 따라 설명했을 뿐이다. "만약 그의 인식이 적절하게 암묵적인 효과를 발휘해 사고집단 내에 전파되었다면, 오늘날 우리는 다른 매독 개념을 갖게 되었을 것이다."(Fleck, 2019: 55) 쉽게 말하자면 샤우딘이 스피로헤타 팔리다를 '발견'할 당시 매독은 그 자체로 존재하지 않았으므로 그가 매독의 원인을 발견했다는 말은 성립하지 않는다. 만약 당시 과학자들이 지겔의 손을 들어 주었다면 매독은 지금 우리가 생각하는 매독과 개념상 혹은 내용상 달랐을 테고, 매독의 원인을 발견한 사람은 지겔이었을 터다. 곧 지겔이 발견한 병원체가 일으키는 병에 매독이라는 이름이 붙고, 지금 우리가 아는 매독균, 즉 스피로헤타 팔리다가 일으키는 병은 다른 병명을 얻었을 것이다.

지겔이 매독균의 발견자가 되지 못한 것은 사고양식이 존재했기 때문이다. 지겔의 시대 이전에는 매독 개념이 도덕적 편견이나 치료 방식 등에 따라 상당히 가변적이었다. 그런데 "지겔의 시대에는 매독 개념이 그렇게 완전히 변화하기에는 그다지 가변적이지 않았다. 곧 매독 개념이 … 지겔의 인식에 맞지 않았다"(Fleck, 2019: 55). 즉 지겔의 인식은 역사적 연원을 전혀 갖고 있지 않았다. 그래서 "우리는 조용히 샤우딘의 인식은 맞고 지겔의 인식은 틀렸다고 설명할 수 있다. 전자는 유일하게 (혹은 거의 유일하게) 가능한 사고집단과의 연관성을 갖고 있었고, 후자는 그것이 없었다". 샤우딘은 집단적 상상력이 전개되는 과정에서 거의 유일한 연결점을 찾았지만, 지겔은 그러지 못했다. 플렉에 따르면 과학계가 샤우딘의 주장을 받아들인 것은 그것이 과학적 사실이기 때문이 아니라 역사사회적 관계 때문이었다. 말하자면 사고양식 측면에서 샤우딘의 주장이 과학계를 쉽게 '납득'시켰다. "요컨대 본디 매독의 개념을 통해서만 스피로헤타 팔리다가 정의되는 것이지, 그 반대로 스피로헤타 팔리다가 매독을 정의하지 않는다."(Fleck, 2019: 27) 우리의 생각과 달리 과학적 발견은 몰랐던 사실을 찾아내는 것이 아니라 역사사회적 결과물이다.

결론은 사고양식이다

플렉은 매독의 역사를 추적하면서 과학적 사실을 인식하는 데 중요한 몇 가지 사항을 발견했다. 먼저 '사고양식'의 존재다. 매독 개념은 여러 단계를 거쳐 변했다. 첫 단계에서는 "소위 인식론적 선택, 다시 말해 관습에 미치는 문화사적 제약"이 중요했다. 가령 "16세기의 신비적이고 윤리적인 매독 개념이 곧바로 자연과학적이고 병리발생학적인 매독 개념으로 탈바꿈할 수는 없다. 한 시대의 모든 (혹은 많은) 개념에는 어떤 양식을 따르게 하는 속박이 있고, 그 시대는 바로 그 속박들의 상호작용에 기반한다. 이는 하나의 사고양식이라 할 만하고, 그것이 모든 개념의 양식을 규정한다"(Fleck, 2019: 15). 이렇듯 플렉은 매독의 역사를 연구하면서 쿤의 패러다임과 유사한 존재를 확신했다.

그러면서 플렉은 인식의 역사에서 쿤의 정상과학 개념

이나 변칙 사례 개념과 유사한 특징도 발견했다. “인식의 역사에서 … 독특한 역사적 법칙성을 발견할 수 있다. 예컨대 많은 이론은 두 시기를 거친다. 첫 번째인 고전적 시기에는 모든 것이 두드러지게 합치된다. 뒤이은 두 번째 시기에는 예외적인 것이 드디어 모습을 드러낸다.”(Fleck, 2019: 15) 말하자면 한 이론은 처음에는 안정성을 획득해 가다가 후반기에는 점차 예외적 현상이 등장한다.

플렉은 ‘과학적’ 실험보다 전체적 경험을 더 중시했다. 플렉에 따르면 실험은 ‘단일’ 현상이지만 경험은 “실험, 관찰, 기술 그리고 주어진 여건 내에서 가능한 개념들의 전환 등으로 구성된” 총체다. 따라서 “실험은 간단한 질문과 답변으로 해석될 수 있는 반면, 경험은 인식하는 사람, 이미 인식된 것 그리고 앞으로 인식할 대상 [이 세 가지] 사이의 상호작용에 기반해 벌써 교육된 상태로 이해되어야 한다”(Fleck, 2019: 17). 말하자면 “복잡하고 구불구불한 과정”을 거쳐 역사적·사회적으로 형성된 매독 개념에 “관찰과 실험으로 쉽게 그리고 확실하게 도달한다고 믿는 것은 잘못되었다”(Fleck, 2019: 32). 플렉에게 과학적 사실은 그저 실험실에서 발견되는 형식적 논리가 아니다.

그런데 우리는 여전히 의심을 품을 수밖에 없다. 지겔의 발견이 옳았을 수도 있지 않을까? 명료한 과학적 입증이 아니라 과학자의 합의가 매독 개념을 결정지었다면, 당시 과학자 모두가 틀렸을 가능성도 있지 않을까? 샤우딘이 조금이나마 과학적으로 더 옳았기에(샤우딘과 지겔을 둘러싼 의료계의 실질적 세력 판도가 샤우딘의 승리에 결정적이었다는 논의도 없지는 않다), 지금껏 그의 이론이 유지된 것이 아닐까? 물론 지겔의 발견이 수용될 수 있었고, 그랬다면 매독의 개념은 지금의 그것과 달랐을 것이다. 증상의 묘사나 치료 방식도 지금과 차이가 있었을 것이다. 예컨대 "매독 감염의 일부가 천연두나 다른 병의 특성과 다소 유사하게 취급되었을 것이다"(Fleck, 2019: 55). 그렇게 지겔의 발견이 수용되었다면 그것이 훗날 다시 오류로 밝혀지는 사태가 벌어지지 않을까? 전혀 그럴 일은 없다. 이때 지겔이 발견한 병원체가 다른 병과 연결될 수는 있지만, 매독 개념은 이미 사회적으로 다른 방식의 역사적 발전 경로에 들어섰을 것이기 때문이다. 우리는 그와는 다른 진화 과정에 들어섰고 앞으로 그 방향의 진화만이 있을 뿐이다.

참고문헌

Fleck, L.(2014). *Denkstile und Tatsachen: Gesammelte Schriften und Zeugnisse.* Berlin: Suhrkamp Verlag.

Fleck, L.(2019). *Entstehung und Entwicklung einer wissenschaftlichen Tatsache: Einführung in die Lehre vom Denkstil und Denkkollektiv.* Berlin: Suhrkamp Verlag.

Lindenmann, J.(2001). Siegel, Schaudinn, Fleck and the Etiology of Syphilis. *Studies in History and Philosophy of Biological and Biomedical Sciences, 32*(3), pp. 435–455.

Löwy, I.(2004). 'A river that is cutting its own bed': the serology of syphilis between laboratory, society and the law. *Studies in History and Philosophy of Biological and Biomedical Sciences, 35*(3), pp. 509–524.

Van den Belt, H.(2002). Ludwik Fleck and the causative agent of syphilis: sociology or pathology of science? A rejoinder to Jean Lindenmann. *Studies in History and Philosophy of Biological and Biomedical Sciences, 32*(3), pp. 733–750.

04
바서만 진단법

플렉이 매독 개념의 변화와 함께 중점적으로 연구한 바서만 반응은 혈청을 조사해 매독 감염 여부를 판단하는 진단법이었다. 1906년 발견자 아우구스트 폰 바서만의 이름을 딴 이 진단법은 (지금은 더 나은 방법이 나와서 사용되지 않지만) 1930년 초까지 계속 발전하면서 획기적인 의학적 발견으로 인정받았다. 플렉은 바서만 진단법이 개인이 아니라 여러 사람에 의해, 단순한 실험을 통해서가 아니라 역사적·사회적 요소로부터 발견되었다는 점을 강조했다.

개인의 발견이 아닌 사고집단의 발견

바서만 반응(Wassermann Reaktion) 혹은 바서만 진단법은 동물에서 추출한 보체(complement, 補體. 동물의 혈청에서 효소와 같은 작용을 하는 물질)를 매독균과 결합하고, 그 반응을 테스트해 매독 감염 여부를 판단하는 진단법이다. 아우구스트 폰 바서만(August von Wassermann)이 이 발견을 혼자 해낸 것은 아니다. 바서만 반응의 다른 명칭은 보르데-바서만 반응(Bordet-Wassermann Reaktion)이다. 바서만 앞에 붙은 이름은 노벨의학상 수상자이기도 한 쥘 보르데(Jules Bordet)에게서 따왔다. 보르데는 옥타브 겡구(Octave Gengou)와 함께 보체의 구성과 성질을 밝혀냄으로써 바서만 진단법을 발견하는 데 중요한 역할을 했다. 피부과 의사이자 성병 전문가인 알베르트 나이서(Albert Neisser)와 카를 브루크(Carl Bruck)도 바서만과 함께 연구를 수행했고, 1906년 첫 번째 논문의 공동 저자로 이름을 올렸다.

이들의 첫 논문이 나왔을 때, 매독에 걸린 사람의 피에 존재하는 매독 항원으로 매독을 진단할 수 있다는 주장은 인정되지 않았다. 매독 항원은 매독에 걸린 사람만이 아니라 건강한 사람에게도 있을 수 있다는 견해 때문이었다. 이후 연구가 진행되면서 매독 항원이 아닌 항체의 증거를 찾는 쪽으로 방향이 바뀌었다. 그 결과 초기에 결과가 신통치 않았던 항체에 대한 양성 비율이 점차 높아지면서 이 방향이 사람들에게 수용되었다. 즉 바서만 반응은 처음부터 항체를 겨냥한 것이 아니었다.

그런데 이 발견을 누가 과학 교과서에 서술한다면 어떻게 할까? 플렉이 찾아낸 한 사례는 다음과 같다. "보르데와 겡구는 소위 보체 결합 반응을 적용한다는 천재적인 아이디어를 갖고 있었다. 그 후 바서만은 이를 매독에 적절하게 적용했다. 운 좋게도 우연히 이러한 기술을 단순화할 수 있었고, 이 반응은 일반적으로 적용될 수 있었다."(Fleck, 2014: 189) '천재적인', '운 좋게노', '우연히' 등의 단어가 눈에 띈다. 플렉은 바로 이 점을 크게 비판했다. 이러한 서술은 '전설'에 불과하다. "다른 모든 성공적인 과학적 발견을 한 모든 개인과 마찬가지로, 아우구스트 폰 바서만은 그 집단을 대표하는 개인에 불과하다."(Fleck, 2014: 190)

이는 단순히 개인 연구자가 아니라 연구를 함께 이끈 연구팀에 영광을 돌리라는 윤리적 차원의 비판이 아니다. "해당 개인을 과대평가하고 거의 신격화하는" 것도 문제지만, 플렉이 제기한 비판의 핵심은 여기에 있지 않다. 과학자를 이렇게 '영웅시하는 묘사'에서 플렉이 문제 삼는 것은 이미 존재하는 어떤 진리를 찾는다는 '잘못된 생각'이다. "소위 '진리'가, 우리와 무관하게, 이미 만들어져 있고, 아주 오래된 것이며, 어느 정도 숨겨지거나 감춰진 채 존재"한다고 가정하고, 여기서 "우리에게 필요한 것은 (뛰어난 직관에 따라) 그 커튼을 들추어 그것[진리]을 모든 사람이 볼 수 있게 하는 '발견자'의 대담한 손길뿐"(Fleck, 2014: 182)이라고 생각하는 잘못이 비판 대상이다.

지식은 우리와 무관하게 존재하지 않으며, 뛰어난 과학자의 눈에만 보이는 것이 결코 아니다. 따라서 "보르데-바서만 전설에 대한 영웅적 묘사는 아름답고 교훈적이지만 … 과학적 인식론의 개발을 방해하기에 기본적으로 해롭다". 그렇다면 영웅담 대신 필요한 것은 무엇인가? '사실적이고, 거의 개개인과 무관한 과학적 분석'이 필요하다. 플렉은 "영웅적 행동을 천재성, 이해력 그리고 우연으로 설명하는 일을 그만두고, 그 대신 문화적 환경, 역사적 순간 그리고 … 과학적 사고의 특별한 발전을 전면에 내세운다"(Fleck, 2014: 182). 이제 주인공은 개인이 아니라 사고공동체다. 더욱 정확하게 말하자면 개인의 제한된 인간적 논리가 아니라 특정한 시대의 특정한 사고양식이 전면에 나선다. 플렉에 따르면 과학적 발견에서 중요한 것은 번뜩이는 예지가 아니라 '문화적 환경', '역사적 순간' 그리고 무엇보다 '사고양식'이다.

사고의 '진화'

사고양식은 바서만 진단법에서 어떻게 등장하는가? 여기에는 두 가지 힘이 작용한다. 하나는 역사적 '진화' 과정이고, 다른 하나는 사회적 분위기다. 먼저 역사적 '진화' 과정부터 살펴보자. 플렉은 '진화'라는 용어를 거의 사용하지 않지만, 그의 과학철학은 진화적 인식론에 가깝다고 해도 과언이 아니다.

바서만과 그 동료들은 왜 하필 피에서 감염 여부를 확인하고자 했을까? 사실 감염된 피가 병을 일으킨다는 생각은 중세의 종교적 영향 아래에서 매독을 윤리적·감정적으로 인식할 때 이미 나타났다. 그 생각이 꾸준히 이어져 19세기 이후 과학의 방식이 광범하게 도입된 이후에도 직접 영향력을 행사한 것일까? 그렇지는 않다. 매독 개념은 자주 바뀌었다.

19세기에는 혈액에 대한 개념도 크게 바뀌었다. 주지하다시피 17세기 초 윌리엄 하비(William Harvey)가 피가 순환한다는 사실을 발견했다. 그러나 피가 잘못 배합되거나 부패하면 병이 발생한다는 원초적 아이디어는 고대부터 존재했다. 그때부터 부패한 피가 열, 발진, 정신착란의 원인으로 자주 지목되었다. 물론 당시 매독은 다른 성병, 예컨대 임질 등과 분리되지 않았고, 피의 순환도 아직 발견되지 않았으며, 신체의 점액이 사람의 성격과 생사를 좌우한다는 생각이 여전히 남아 있었다. 중요한 사실은 과학자들 사이에서 매독과 같은 병의 증상을 부패한 피로 설명하려는 경향이 유독 강했다는 점이다. 특히 그들은 매독이 유전된다는 오해 때문에 피에 더욱 집착했다.

그럼에도 사람들은 바서만이 피와 매독 사이의 연관성을 미리 '인식하고'서 계획을 짰고, 그 결과 바서만 진단법을 발견하는 데 성공했다는 식으로 서술한다. 곧 바서만이 처음부터 혈액에서 매독의 감염 여부를 찾을 단서를 포착하고 꾸준히 연구에 매진한 결과 '바서만 반응'이라는 최종 결과를 얻었다고 생각한다. 일이 진행된 후에 인과성을 찾아서 '합리적' 설명을 갖다 붙인 셈이다. "그러나 오늘날 매독은 지난 세기의 매독과 전혀 다른 의미를 지니고, 피도 당시와 전혀 다르게 이해되기에, 이것은 착각에 불과하다." 결과를 얻고 나서 사람들은 "우리가 얻은 결과가 우리가 추적한 목표와 일치한다"(Fleck, 2014: 188)고 착각한다. 이 착각은 과거 사람의 생각을 오늘날의 단어로는 결코 드러낼 수 없음에도 그렇게 드러내려 한 결과다. 즉 "사고 양식의 차이를 인식하지 못한" 탓에 발생한 문제다. 19세기의 의학자들은 매독과 혈액의 관계에 관해 수없이 연구했다. 혈액의 농도, 구성, 단백질, 수분 함량, 응고점 등을 분석해 이들 요소가 매독과 어떤 관련이 있는지 확인하려는 수많은 실험이 이루어졌다. 매독에 걸린 혈액은 수분이 적다는 논의가 그중 하나다. 그러다가 면역 혈청에 힘입어 결핵 기관의 추출물에 결핵 항원이 존재한다는 사실이 입증되었고, 결핵 항원에 힘입어 혈액 내에 항체가 존재한다는 사실이 입증되었다. 게다가 바서만 이전에도 병과 혈액의 관계를 규명하려는 다양한 작업이 있었지만, 매독 외의 병에 대해서는 그나시 성공하지 못했다.

여기서 진지하게 고려해야 할 것은 매독과 혈액의 관계에 관한 수많은 연구 중 그 관계가 있다고 보는 '옳은' 결과만 남고, 그 관계가 없다고 보는 '틀린' 결과는 자동 폐기되었다고 생각하기 쉽다는 점이다. 그래야만 매독과 혈액의 관계가 계속 유효하다고 여길 수 있기 때문이다. 그러나 사실은 그렇지 않았고 그 관계는 여전히 불명료한 채로 남았다. 곧 바서만 진단법이 성공하기 전에는, 아니 그것에 관한 첫 논문이 나온 1906년에조차 그 결과가 옳은지 틀린지 가리는 판단은 할 수 없었다. 1906년 이래 여러 후속 연구가 뒤따랐고, 1930년대 초에 이르러서야 바서만 진단법은 안정성을 확보했다. 그러자 사람들은 매독과 나쁜 혈액의 관계가 계속 확인되었기에 바서만 진단법을 구상할 수 있었으며, 그것이 결국 꾸준한 노력 끝에 발견되었다고 생각한다. 이 생각은 착각이다. 무엇보다 그 과정에서 매독과 혈액이 관계없음을 밝히려는 연구가 수없이 시도되었지만, 이를 완전히 배제한 채 사람들은 그렇게 착각한다. 사후적인 '합리적' 추론 과정에서 이들 연구는 아예 생각조차 하지 않았다. 결국 혈청학이라는 새로운 '사고양식'이 확립될 때까지, 다시 말해 그 옳고 그름을 판단할 기준이 생길 때까지, 매독과 혈액의 관계는 불명료한 채로 남았다. "매독과 혈액을 연결한 것은 논리나 신비한 직관이 아니라 당시의 특정 사고양식이었다."(Fleck, 2014: 188)

바서만의 연구 과정도 마찬가지다. 바서만이 처음에 보체 결합 반응을 매독에 적용할 때 사용한 방식은 다른 병, 예컨대 결핵에 사용한 방식과 동일했다. 이는 바서만이 처음부터 어떠한 확신이 있어서 그러한 방식을 사용한 것이 아님을 보여 준다. 박테리아의 배양과 그 표본의 추출 그리고 그것을 판독하는 과정에서 다양한 오류가 발견된다. 처음 보체 결합 반응을 시도할 당시 그 적중률이 매우 높았지만, 연구자들은 관심을 두지 않았다. 그러다가 나중에 다시 시도할 때에는 그것을 생각해 낼 수 없었다. 연구에 참여한 사람조차 애초에 어떤 계획으로 그렇게 했는지조차 잊어버린 것이다. 이렇듯 연구는 직선이 아니라 지그재그로 움직였고, 그 진행은 어떤 확신 속에서 논리적으로 이루어지지 않았다. "바서만의 생각에서 그의 의도와 결과가 일치된 것은 15년 후의 일이었다.… 논문 저자들이 분명 하나하나 절절하게 느꼈을 그러한 지그재그의 발전이, 사후에 돌이켜 본 후에는 직선의 일관된 길로 바뀌었다."(Fleck, 2014: 195) 말하자면 결과가 나온 후 긍정적이었던 부분만으로 이야기를 논리적으로 다시 구성해 얼개를 짜 놓고 보니, 연구자의 놀라운 통찰력이 빛나게 되었을 뿐이다. 플렉이 말하듯 "그러한 선동적인 전설은 본질적으로 더 심각한 또 다른 오류를 범하고 있다. 곧 그 사고의 역사적 진행이 합리적이라고, 다시 말해 한 아이디어가 논리적으로 발전하는 것인 양 서술한다. 한 아이디어가 유기적으로(organisch) 스스로 발전하는 것인데도 말이다"(Fleck, 2014: 181). "바서만 진단법이 매독과 맺는 관계는 … 이러한 관점에서 볼 때 사고의 역사에서 일어난 사건이다."(Fleck, 2019: 128) 여기서 사건이란 여러 가지 요소가 작용해 어느 순간에 단 한 번 발생하는 것이다.

사회적 분위기

그런데 "이러한 인식을 추동하는 힘은 … 그 어떠한 합리적 동기가 아니라 … 매독에 대한 특별한 **사회적 분위기**였다"(Fleck, 2014: 190). 여기서 "특별한 사회적 분위기"란 무엇인가? 한 개인이 아니라 다수가 한 방향으로 움직이려는 '공동체적 성격'이다. 바서만 진단법과 같은 문제 해결은 개인적이고 논리적인 방식이 아니라 그러한 과학적 발견을 위해 조성된 '공동체적 성격'으로 설명된다.

플렉은 이를 간단하게 설명하기 위해 결핵의 사례를 든다. 성적 접촉을 통해 전이된 탓에 윤리적으로 매도당한 매독과 달리, 결핵은 낭만적인 병으로 여겨졌기에 그것을 해결하려는 사회적 분위기도 달랐다. 즉 결핵 연구에는 많은 연구자, 충분한 재원, 관련 도구 등 그것에 필요한 기반 시설이 없었다. 매독은 결핵과 달랐다. 당시 독일 정부의 과학 정책을 좌우했던 프리드리히 알트호프(Friedrich Althoff)는 프랑스와의 연구 경쟁을 의식해 직접 나서서 과학자들이 매독 연구에 매진할 수 있도록 연구비를 조성해 주었다. 이렇게 정부가 나서서 연구비를 마련한 것은 이미 "매독이 변형된 피와 관련이 있다는 계속 더 널리 퍼지는 인식"이 있었기에 가능했다. "요컨대 바서만 이전에 이미 피의 입증에 대한 외침이 있었고, 그것은 다양한 상황이 역사적으로 연결되면서 나타났다. [역사적으로] 그에 비견할 만큼 피와 강하게 연결된 다른 형태의 병은 없다."(Fleck, 2014: 189) 이러한 '사회적 외침'에 응해, 19세기에 여러 의학자와 과학자는 "모든 가능한 화학적·물리적 수단을 동원해 … '매독에 감염된 피라는 신조'를 입증하고자" 했다. 물론 당시 매독은 결핵 또는 임질과 같은 다른 성병과 구분되지 않았지만 말이다.

아울러 바서만의 연구에는 수많은 연구자가 참여했고 보조한 사람까지 합치면 그 인원은 이루 헤아릴 수 없었다. 게다가 처음에 바서만이 제시한 진단법은 완성된 상태가 아니었기에 이후 근 20년 동안 여러 연구자가 후속 연구를 계속해 바서만 진단법을 수정하고 보완했다. 이러한 상황은 어느 개인, 가령 바서만이 어떤 법칙을 미리 알고 제시한 결과가 결코 아니다. 수많은 과학자가 하나의 연구 방향에 따라 움직인 결과다. 이러한 현상은 바로 '사고양식'과 '사고집단'으로만 설명될 수 있다.

플렉은 개인과 사회의 관계에 대해 흥미로운 비유를 제시한다. 과학의 발견은 오케스트라 연주 혹은 축구 시합과 비슷하다. 혼자 할 수 있는 것이 아니고, 그 결과가 그곳에 속한 모든 사람이 낸 결과를 합한 것이 아니라 그 이상의 무엇이라는 점에서 그러하다. 이 오케스트라와 축구팀이 만들어 내는 결과가 바로 사고양식이다. 바서만과 그 동료들의 연구가 '성공한' 것도 "한 사고양식이 특별하게 발전"한 덕분이다. 사고양식은 항상 고정된 채로 있는 것이 아니라 축구 경기나 음악 연주처럼 매번 '발전'한다.

바서만과 그 동료들은 역할을 분담해서 1906년에 논문 두 편을 발표했다. 이때 이들의 주 관심사는 면역 반응과 항원의 발견이었다. 하지만 그것들을 발견하려는 의도는 다른 과학자들의 후속 연구에서 포기되었다. 또한 후속 연구는 항원 대신 보체와 결합하는 양수체(amboceptor)를 피가 아니라 일반 기관에서 알코올과 물 추출제로 찾고자 했다. "이로써 바서만의 핵심 아이디어는 완전히 무너졌다."(Fleck, 2014: 193) 그러나 시약을 더욱 정교하게 만들어 바서만 진단법을 안정화한 여러 사람의 노력은 그것이 '집단적' 작업임을 드러냈다. 이러한 과정은 나중에 과학사에서 언급할 내용과 거리가 멀었다. 과학사에서는 보통 첫 연구가 후속 연구를 가능하게 하는 획기적 발견으로 묘사된다. 비록 그 내용이 뒤로 갈수록 크게 달라지더라도 말이다. 예컨대 바서만과 동료들의 의도는 "원칙적으로 옳았고, 여러 가능성을 내포했지만, 상세한 측면에서 아직 완성되지 않았을 뿐"이라고 설명된다. 하지만 플렉에 따르면 실제로 그들의 시도는 "원칙적으로 오류였고, 그에 대한 기대는 착각이었으며, 상세한 측면에서는 이해하기가 불가능했다"(Fleck, 2014: 192). 그럼에도 사람들은 사후적으로 "거기서 귀중한 과학적 방법이 발전될 것"이라고 여긴다!

바서만 진단법은 많은 사람이 참여해 만든 결과물이다. "바서만 반응의 발견(혹은 창안)은 단 한 번의 역사적 과정, 그러니까 실험으로 다시 만들어 낼 수 없고, 논리적으로 정당화할 수 없는 과정에서 일어났다."(Fleck, 2019: 128) 이를 설명하기 위해 플렉은 비유를 사용한다. 먼지와 바다의 비유다. 돌을 던져 단번에 구멍에 넣는 것은 우연이지만, 바람에 실려 온 먼지를 통에 모으는 것은 쌓일 때까지 그저 놔두면 되는 일이다. 방향이 정해지고 끊임없이 일이 진행되면서 생기는 일이지, 누군가의 논리적 추론에 따라 이루어지는 일이 아니다. 만약 그렇다면, 그것은 정말로 우연이나 '기상천외한 자연의 조화'나 천재성 덕분이다. "모든 강은 처음의 잘못된 방향, 모든 우회와 구불구불함에도 불구하고 어떻게 항상 바다로 끝나는 것일까? '바다 그 자체'는 없으며, 물이 모이는 유일한 장소인 낮은 곳만이 바다라고 불린다! 강에 물이 충분하고 중력장이 있다면 강은 결국 바다에 닿을 수밖에 없다. 중력장은 방향성, 물은 전체 사고집단의 작업에 해당한다."(Fleck, 2019: 104-105) 방향을 설정한 공동체적 분위기와 협력하는 개인이 충족되면 '진리'는 만들어질 수밖에 없다.

참고문헌

Fleck, L.(2014). *Denkstile und Tatsachen: Gesammelte Schriften und Zeugnisse*. Berlin: Suhrkamp Verlag.

Fleck, L.(2019). *Entstehung und Entwicklung einer wissenschaftlichen Tatsache: Einführung in die Lehre vom Denkstil und Denkkollektiv*. Berlin: Suhrkamp Verlag.

Lindenmann, J.(2001). Siegel, Schaudinn, Fleck and the Etiology of Syphilis. *Studies in History and Philosophy of Biological and Biomedical Sciences, 32*(3), pp. 435-455.

Van den Belt, H.(2002). Ludwik Fleck and the causative agent of syphilis: sociology or pathology of science? A rejoinder to Jean Lindenmann. *Studies in History and Philosophy of Biological and Biomedical Sciences, 32*(3), pp. 733-750.

Zalc, B.(1986). Some Comments on Fleck's Interpretation of the Bordet-Wassermann Reaction in View of Present Biochemical Knowledge. In Cohen, R. S. & Schnelle, T.(eds.). *Cognition and Fact: Materials on Ludwik Fleck*, pp. 399-406. Dordrecht: Reidel.

Zillien, N.(2017). Ludwik Fleck und die 'Verehrung der Zahl'. Beitrag zu einer Soziologie der Quantifizierung. In Endreß, M. et al.(eds.). *Zyklos 3: Jahrbuch für Theorie und Geschichte der Soziologie*, pp. 15-51. Wiesbaden: Springer.

05

지식의 생성과 발전

플렉은 매독과 바서만 진단법에 관한 사례 연구를 통해 과학사 전반에 대한 이론을 발전시켰다. 무엇보다 지식이 역사적·사회적으로 구성되므로 시간이 흐르면서 누적되고 증가하기보다는 새로운 사고양식으로 전환될 뿐이라고 주장했다. 지식에 대한 이러한 상대주의적 입장은 당시 논리실증주의자가 지녔던 과학적 지식관과 크게 달랐다. 지식에 대한 플렉의 상대적 입장은 인식에 가담하는 세 요소, 곧 인식하는 주체와 객체 그리고 사고집단이 상호작용해 지식을 생산한다는 믿음에서 나왔다.

과학지식의 구성

우리는 보통 과학지식을 터득하는 과정을 자연이라는 대상과 그것을 인식하는 과학자의 관계로 설명한다. 플렉은 여기에 한 가지를 더 추가한다. 바로 사고집단이다. "과학에서와 같이 일상에서도, 예전의 인식론에서 말한 주체와 객체 사이에 제3의 존재로서 집단이 포함된다."(Fleck, 2014: 411) 지식을 만드는 과정에서 주체와 객체 사이를 이어 주는 매개 역할을 사고집단이 한다. 이때 전제는 인간이 무엇인가를 인식하고 사고할 때 백지에서 출발하지 않는다는 점이다. "영화가 시작하기 전의 스크린"(Fleck, 2014: 52)과 같은 상태란 있을 수 없다. 즉 인간은 선천적으로 인식할 수 있게 하는 유전자를 가지고 태어나는 것이 아니라, 사회적 교육과 학습을 통해 지각하고 감지하는 방법을 습득한다. 따라서 주체와 객체를 상호 연결하는 요소가 필요하다. "인식과 (일반적으로 말해서) 사고는 사회적이고 공동체적인 행위"(Fleck, 2014: 197)다.

인식과 사고의 사회적·공동체적 성격은 기본적으로 다음 세 가지 현상에 기인한다. 첫째는 한 사회 내에 존재하는 사고의 차이다. 한 사회에서 사람들은 비슷하게 혹은 똑같이 생각하기도 하지만, 그러지 않는 사람도 존재한다.

심지어 전혀 소통할 수 없는 사람도 있다. 자연과학자, 언어학자, 신학자 등은 자기 집단에 속한 사람들을 아주 잘 이해하지만, 물리학자와 언어학자의 소통은 일반적으로 쉽지 않다. 자연과학자와 신비주의자의 소통은 더더욱 어려울 것이다. 이는 동시대 사람들 간 소통에만 해당하는 것이 아니라 과거 사람과 현재 사람의 소통에도 해당한다. 사고양식이 다르면 소통하기 어렵다. 연금술사의 사고양식, 르네상스의 사고양식, 18세기의 사고양식에는 현재 과학 공동체가 생각하는 방식이 낯설 것이다. 이렇듯 사람들은 사회 내에서 특정한 사고양식을 따르는 사고집단을 형성함으로써 서로 다른 의견을 갖는다.

둘째는 생각의 전파가 항상 변화를 수반한다는 점이다. 내가 어떤 것에 대해 생각해 정립한 사고에는 유보 사항, 대립, 변칙 등 온갖 복잡한 내용이 섞여 있다. 이 사고를 다른 사람에게 이야기할 때 나는 상황과 맥락에 따라 조금씩 다른 점을 강조한다. 강조할 지점뿐 아니라 강조하는 방식, 예컨대 목소리를 높이거나 인상·몸짓을 사용하는 등 방식을 달리한다. 물론 이러한 방식도 내가 속한 사고집단에서 어느 정도 구현되어 익숙해진 것이다. 사고집단에서는 소통할 수 있게 하는, 오랫동안 집단 내에서 구현된 특별한 힘이 작용한다. 그럼에도 이해시키려 하는 의지에 따라 강조점이 달라지면서 내가 표현하고자 하는 것이 내가 생각하는 것 혹은 내가 예전에 말한 것과 달라진다. 이렇듯 소통에는 여러 형태의 불협화음이 섞여 있다. 이는 수많은 개개인이 한 사고집단에서 무리 없이 소통하는 데 필수적인 일종의 배출구다. 한 사고집단에 속한 많은 사람들이 똑같이 생각하고 소통한다면 질식사할 위험이 있는데, 이 불협화음이 그것을 막는 기능을 한다.

셋째는 교육의 경험이다. 새로운 분야의 인식 체계가 갖춰지면 당분간 일반인은 그것을 이해하기 어렵다. 가령 폐쇄적 분야인 물리학은 전문가가 아닌 이상 접근하기 쉽지 않다. 그러한 학문이나 사고집단은 이미 본연의 특유한 게슈탈트를 갖고 어떤 것을 관찰하기 때문이다. 이에 익숙한 사람만이 그 안에서 소통하거나 이해할 수 있다. 교육이 문외한으로 하여금 사고집단의 구성원과 소통할 수 있게 하는 거의 유일한 방식이다.

원초적 아이디어

플렉에 따르면 과학적 지식은 역사적·사회적으로 규정된다. 마치 씨줄과 날줄처럼 말이다. "그 어떤 개념도 저절로 생겨나지 않으며, 모두 앞선 것에 의해 결정된다."(Fleck, 2019: 31) 플렉은 매독 개념이 만들어진 과정을 추적한 뒤 근대적인 자연과학의 개념조차 역사적으로 발전해 온 산물로서 그 발전 과정을 이해하지 않고서는 전혀 이해될 수 없다고 결론지었다. 예컨대 매독 연구에서 혈청 판독법의 발견은 피가 썩는다는 전통적 생각의 영향을 받았고, 의학과 생리학에서 이루어진 불과 생명의 비교, 감염병 개념 형성 과정에서 제기된 '공격과 방어'라는 일반적 생각을 응용했다.

여기서 플렉은 '원초적 아이디어(Ur-Idee, Präidee)'라는 개념을 도입한다. 먼 과거에 나타난 개념은 여러 사고방식을 거치면서도 남아 있다. 완전히 사라지지 않고 변형을 기칠 뿐이다. 원초적 아이디어는 정당성을 상실하기도 하지만 새로운 사고방식 아래 다른 정당성을 얻기도 한다. "원초적 아이디어는 근대적 이론의 발전사적 토대로 간주할 수 있고 그것의 생성에는 사회인식론상 그럴 만한 이유가 있다."(Fleck, 2019: 37)

플렉은 원초적 아이디어의 사례로 니콜라우스 코페르니쿠스(Nicolaus Copernicus) 이전의 천동설이나 존 돌턴(John Dalton) 이전의 원자론, 화학자 앙투안 라부아지에(Antoine Lavoisier) 이전의 화학 원소 그리고 미생물학의 아버지로 알려진 안토니 판 레이우엔훅(Antonie van Leeuwenhoek) 이전의 미생물체를 제시한다.

사고양식이 달라질 뿐 지식이 역사성을 띤다면, 과거에는 그 지식이 현재의 그것처럼 합리적이었나? 플렉은 그렇다고 주장한다. 지식이 합리적인지 그렇지 않은지 측정하는 일은 당시 세계관 안에서 시도해야 한다. 플렉은 점성술을 예로 든다. 점성술은 "과거를 설명하고 현재를 결정하며 미래를 예측"(Fleck, 2014: 49)함으로써 합리적 과학의 모든 징후를 보여 주었다. 플렉은 다음과 같이 말한다. "나는 오늘날의 지식이 100년 전의 지식보다 객관적 세계의 상에 더 가깝다고 주장하는 것이 아니다. 그 반대로 내가 확신하는 바는 오늘날의 지식이 오늘날의 세계에 더 가깝지만, 100년 전의 지식은 … 당시 세계에 더 가깝다는 것이다."(Fleck, 2014: 373) 그러므로 점성술을 오늘날의 세계관에 따라 비합리적이라고 단정하는 일은 잘못이다. 플렉에게 '영원한 진리'란 존재하기 어렵다. 진리는 특정한 사고양식의 표현에 불과하며, 비록 여기서 사고양식이 결정적이기는 하지만 그것은 오로지 특정 공동체에만 유효하고 "다른 공동체의 진리와 직접적으로 비교할 수 없기 때문이다"(Fleck, 2014: 182).

이러한 맥락에서 플렉이 말하는 지식은 논리실증주의

자가 말하는 지식과 대립한다. 당시 과학철학의 주류를 이룬 논리실증주의자들에 따르면 사회와 달리 자연에는 규칙성이 있고, 그것을 밝히는 것이 지식이었다. 따라서 지식의 안전한 토대를 바탕으로 추론하면, 새로운 지식이 오래된 것에 추가되어 옛날의 지식부터 시작해 계속 그 토대를 확장할 수 있다. 지금의 과학자가 처음부터 지식을 하나하나 다시 쌓아 올려야 하는 것이 아니라 기존 것을 토대로 발전시키면 되기 때문에 처음으로 돌아갈 필요가 없다. 데이비드 흄(David Hume)이 이미 프랜시스 베이컨(Francis Bacon)에게서 시작된 이러한 과학 개념을 비판하기는 했지만, 20세기 초 논리실증주의자들은 당시 날로 발전하는 과학적 지식에 견고한 믿음을 보이면서 지식의 합리적 진보를 믿었다. 이들은 지식이 과학적 합리성의 기준에 따라 형성되어 본질적으로 변하지 않고 누적되어 증가한다고 여겼다.

플렉은 논리실증주의의 지식 개념과 과학철학에 정면으로 도전했다. 플렉이 보기에 논리실증주의자는 지식이 형성되는 과정에서 논리적·경험적 연관성만을 강조하는 오류를 범한다. 지식은 역사적·사회적 조건 속에서 생성되고 발전한다는 것이 플렉의 지적이다. 논리실증주의자는 프로토콜 명제 혹은 순수한 관찰의 결과인 '명제'가 과학

지식의 기초를 형성한다고 믿지만, 플렉은 주변 상황에 영향받지 않은 '순수한' 관찰 혹은 진술이 존재하는지에 대해 의문을 제기한다. "지식이란 결코 어떤 토대에 머무는 것이 아니다. 생각과 진리를 낳는 기제는 계속되는 운동과 상호작용에 의해서만 유지된다."(Fleck, 2019: 70) 즉 플렉이 "여기서 유일하게 서술하고자 하는 바는 전문화된 지식조차 단순히 증가할 뿐 아니라 근본적으로 변화한다는 점이다"(Fleck, 2019: 85).

수동적 요소와 능동적 요소

플렉에 따르면 지식은 두 가지 요소로 구성된다. 능동적 요소와 수동적 요소가 그것이다. 여기서 사용하는 '능동적', '수동적'이라는 표현은 단순하게 보자면 '주관적', '객관적'이라는 말로 대치할 수 있다. 즉 능동적 요소는 주관적으로 새로 만들어 가는 경향이 강한 요소고, 수동적 요소는 객관적으로 주어지는 요소다. 플렉은 더 알기 쉽게 과학과 신화를 예로 든다. 과학은 수동적 요소를 극단으로 끌어올리는, 다시 말해 객관적 요소를 가능한 한 더 많이 만들려 하는 것이다. 신화는 수동적 요소는 거의 없고 주로 능동적 요소로 구성된다.

플렉에 따르면 수동적 요소만 연결해서는 그 어떤 명제나 진술도 공식화할 수 없다. 과학적 주장을 논리로만 입증할 수 없다는 뜻이다. 항상 주관적인 능동적 요소가 끼어든다. 수동적 요소의 연결에는 능동적 요소가 추가되어야만 한다. 그러므로 지식은 능동적 요소와 수동적 요소의 연결이 얽혀서 생기는 네트워크다. 모든 현상 자체에서 지식의 수동적 요소와 능동적 요소가 분리할 수 없을 만큼 복잡하게 연관되어 있다. 매독을 욕정을 다스리지 못해 생겨난 감염병으로 정의하는 것은 능동적 연결에 속한다. 화학에서 산소 원자의 질량이 수소 원자 질량의 16배라고 정한 것은 수동적 요소다. 어떤 현상을 설명하는 데에는 능동적 요소와 수동적 요소가 모두 필요하다. 가령 매독 개념에도 능동적 요소뿐 아니라 질병의 일반적 현상에 관한 수동적 요소가 점차 포함되었다. 수동적 요소와 능동적 요소를 완전히 구별하기도 어렵다. 플렉은 두 요소가 항상 그렇게 규정되는 것이 아니고, 서로 위치가 바뀌기도 한다고 말한다. 가령 산소 원자를 두 개로 쪼갤 수 있다면 수소 원자와의 질량 비율도 달라지고 새로운 것으로 대치된다. 과거에는 수동적 요소였던 것이 시간이 지나면서 능동적 요소로 바뀌기도 하고, 그 역도 성립한다.

이는 바서만 진단법과 매독의 관계에서도 드러난다. 오늘날 우리에게 매독은 애초에 능동적으로 구성된 개념으로 보이는 반면, 바서만 진단법은 그보다 덜 능동적인 개념처럼 보이고, 이들 사이의 관계는 수동적으로 보인다. 플렉은 매독의 역사와 바서만 진단법의 역사를 비교하면서 바서만 진단법이 처음 나온 이래 그것이 확립된 1927년까지 관련 논문이 적게는 1500편, 전 세계에서 나온 연구를 모두 합하면 약 1만 편에 육박할 것이라고 말했다. 이는 과학적 영역에 깊숙이 들어가면 들어갈수록 지식의 능동적 요소가 늘어남을 시사한다. 과학적 연구 논문은 능동적 요소로 볼 수 있기 때문이다. 그러나 플렉은 이와 함께 수동적 요소도 늘어난다고 말한다. 화학에서도 원소 개념이 나타나고 그에 대한 학술적 논의가 증가하면서 비슷한 현상이 나타난다. 요컨대 한 분야에 깊숙이 들어가면 "사람이 대충 추측하듯이 수동적 요소만 증가하는 것이 아니라 양쪽 요소의 수가 늘어난다"(Fleck, 2019: 110).

이렇듯 과학의 영역에 더욱 깊숙이 파고들수록 지식은 사고집단과의 접촉 면적이 넓어지고 연구자와 더 직접적으로 연결된다. 그 결과 지식의 능동적 요소가 늘어난다. 그러나 플렉은 수동적 연결과 능동적 연결 혹은 수동적 요소와 능동적 요소가 관계를 맺고 상호 전환한다는 점을 항상 강조한다. 과거에는 능동적 연결이었지만 오늘날에 와서는 수동적 연결이 될 수 있고, 능동적 연결이 늘어나면 수동적 연결 역시 늘어난다. 이들 연결이 그물망처럼 점차 촘촘해진다. 여기서 중요한 것은 그 방향을 정하는 일이고, 그 방향에 따라 지식의 역할이 수동적인지 능동적인지 결정된다. "인식 활동에서 무엇이 수동적 요소로 나타날지 능동적 요소로 나타날지는 해당 사고양식의 특성에 달려 있다."(Fleck, 2019: 133 주5) 이렇게 능동적 연결과 수동적 연결이 촘촘해지면, 그것들이 작동하는 사고양식은 그만큼 더 오래 지속될 수 있다.

참고문헌

Brorson, S.(2000). Ludwik Fleck on proto-ideas in medicine. *Medicine, Health Care and Philosophy, 3*(2), pp. 147-152.

Fleck, L.(2014). *Denkstile und Tatsachen: Gesammelte Schriften und Zeugnisse*. Berlin: Suhrkamp Verlag.

Fleck, L.(2019). *Entstehung und Entwicklung einer wissenschaftlichen Tatsache: Einführung in die Lehre vom Denkstil und Denkkollektiv*. Berlin: Suhrkamp Verlag.

Lindenmann, J.(2001). Siegel, Schaudinn, Fleck and the Etiology of Syphilis. *Studies in History and Philosophy of Biological and Biomedical Sciences, 32*(3), pp. 435-455.

Löwy, I.(2004). 'A river that is cutting its own bed': the serology of syphilis between laboratory, society and the law. *Studies in History and Philosophy of Biological and Biomedical Sciences, 35*(3), pp. 509-524.

Rotenstreich, N.(1986). The Proto-Ideas and Their Aftermath. In Cohen, R. S. & Schnelle, T.(eds.). *Cognition and Fact: Materials on Ludwik Fleck*, pp. 161-178. Dordrecht: Reidel.

Shapin, S.(1986). History of science and its sociological reconstructions. In Cohen, R. S. & Schnelle, T.(eds.). *Cognition and Fact: Materials on Ludwik Fleck*, pp. 325-386. Dordrecht: Reidel.

Van den Belt, H.(2002). Ludwik Fleck and the causative agent of syphilis: sociology or pathology of science? A rejoinder to Jean Lindenmann. *Studies in History and Philosophy of Biological and Biomedical Sciences, 32*(3), pp. 733-750.

Wittich, D.(1986). On Ludwik Fleck's Use of Social Categories in Knowledge. In Cohen, R. S. & Schnelle, T.(eds.). *Cognition and Fact: Materials on Ludwik Fleck*, pp. 317–324. Dordrecht: Reidel.

06
사실

플렉에 따르면 사실은 어디에서나 유효한 진리가 아니다. 특정한 사고집단 내에서만 통용된다. 과학적 사실도 마찬가지다. 그러므로 사고집단이 달라지면 그 사실은 더 이상 사실이 아니다. 역사적으로도 그러했다. 과거에는 사실이었지만 이제는 사실이 아닐 수도 있고, 그 역도 성립한다. 새로운 생각이 등장하면 기존의 개념과 충돌하며 혼란스러운 시기를 거치지만, 안정기를 거쳐 정립되면 오히려 그 정착된 사고가 강요되거나 새로운 게슈탈트가 작용해 사고양식의 토대를 이룬다.

과학적 사실의 생성과 발전

사실은 어떻게 생성되는가? 이 질문에 플렉은 다음과 같이 답한다. "사실은 먼저 혼란스러운 초기의 생각에서 저항의 신호로 등장하고, 그런 다음 특정한 사고강요(Denkzwang)로, 마지막에는 직접적으로 감지되는 게슈탈트로 등장한다."(Fleck, 2019: 124)

바서만 진단법의 사례로 되돌아가 보자. 처음에는 '성병'을 치료해야 한다는 사회적 분위기에 영향을 받아 매독과 관련된 다양한 형태의 실험과 관찰이 이루어진다. 이러한 실험과 관찰은 기존 매독 개념을 인지하고, 매독에 걸린 환자의 증상을 살피고, 현미경을 통해 다양한 균을 확인한다. "사실이라는 것도 없고, 고정된 것도 없다. 사람은 이렇게도 저렇게도 생각한다. 거의 자의적으로 말이다. 근거, 강요, 저항, '사실의 확고한 토대'도 없다."(Fleck, 2019: 121-122) 특정한 사고양식이 모습을 드러내기 전에는 사실이란 아예 존재하지 않는다.

이러한 혼란한 시기가 지나고 관찰과 실험이 쌓이면 연구자들은 능동적으로 사고하기 시작한다. 관련 지식을 총동원하고, 다른 사람이 시도한 실험과 그 결과를 여러 개념과 사전 지식에 대입해 본다. 이때의 연구는 방향을 잡지 못하고 갈팡질팡하는데, 연구자는 사전 지식과 여러 실패한 혹은 성공한 실험을 통해 경험을 쌓는다. 이때 "많은 실험의 실패와 그때 저지른 오류도 과학적 사실의 토대가 된다"(Fleck, 2019: 128). 연구자는 점차 자신의 추론과 상상력을 제약하는 어떤 미약한 신호를 감지한다. 바서만이 1906년 첫 논문을 발표하면서 매독과 혈액의 관계에 주목한 것도 그러한 신호 때문이다.

연구가 계속되면서 새로운 지식, 특히 능동적 요소가 증가한다. 예컨대 바서만 진단법 연구는 새로운 약제로 알코올 추출물을 도입한다. 이것이 바로 능동적 행위다. 이후 그 능동적 행위의 결과가 유용하다고 확인되면, 그것은 다른 인식적 행위를 할 때에 다시 수동적 요소로 작용한다. 이렇게 지식의 능동적 요소와 수동적 요소가 결합하는 현상이 나타나면 각각의 요소도 늘고 사실도 늘어난다. 이는 사고양식을 체계화하는 여러 범주와 요소가 늘어나 그것을 구성하는 그물망이 촘촘해짐을 뜻한다. 서로 연결되지 않았던 요소들 간에 접점이 늘어나면 상호 연관성이 커진다. 이는 지식의 네트워크(구조가 아니라는 점에 유의하라!)가 점점 더 조밀해져서 새로운 체제의 내부 조화와 관성이 증대함을 뜻한다.

초기 연구 과정에서는 실패나 실수가 거듭되고, 처음에

했던 실험을 다시 했을 때 동일한 결과가 나오지 않기도 한다. 하지만 이러한 지그재그 과정을 통해 궁극적으로는 발견과 사고양식에 도달하게 된다. 이로써 초기의 혼란스러운 상황이 잦아들고, 새로운 시스템이 정착하고 작동하기 시작한다. 바로 이 지점에서 초기에는 저항 신호에 불과했던 사실이 '발전'해 사고강요로 이어진다.

특정한 사고강요가 존재한다는 것은 사고양식이 보충되었거나, 발전했거나, 전환되었음을 뜻한다. 이때가 바로 우리가 보통 발견이 이루어졌다고 보는 시점이다. 분분했던 의견이 하나로 모여 논란이나 의견 차이도 줄어든다. 그러다가 다음 단계에서는 사실이 직접적 게슈탈트로 작용하기 시작한다.

그렇다면 이러한 전환점은 언제 도래하는가? 플렉은 그 시점을 가늠하기 어렵다고 이야기한다. 예컨대 바서만 진단법에서 "인식론상 가장 중요한 전환은 매독 항체 검사(양수체 검사)에서 이루어졌다"(Fleck, 2019: 95). 처음에는 검사 결과의 양성 비율이 낮았지만 점차 높아졌고, 이는 마침내 바서만 진단법이 사람들에게 인정받는 결정적 계기가 되었다. 말하자면 이때 바서만 진단법이 쓸 만하다고 여겨지게 되었다. "만약 바서만 반응이 매독과 맺는 관계를 사실이라고 부른다면, 이렇게 그 관계는 아주 쓸 만한 것으로 확인됨으로써, 다시 말해 구체적 사례에 적용될 가능성이 높아짐으로써 사실이 되었다."(Fleck, 2019: 95) 바서만 진단법이 인정받은 것은 그 이론적 추론이 정확해서도 아니고, 이에 대한 생각이 역사적·심리적으로 적합한 환경에 있었기 때문만도 아니다. 심지어 바서만 진단법 연구에 참여한 사람조차 그 연구에서 어떤 특별한 기술이 개발된 것은 아니었다고 말한다. 시약의 양을 조절한 것이 결정적이었다는 이야기도 있지만, 검토해 보면 그조차 명확하지 않다. 따라서 개인의 아이디어나 이론적 질문과 상관없이 수많은 집단적 경험과 연구로 인해 이 진단법이 쓸 만하게 되었다고 보는 것, 바로 이것이 중요하다.

사실과 사고집단

요컨대 사실은 생성되기까지 세 가지 단계를 거친다. 첫째 단계는 여러 관찰이 종종 이루어지는 시기다. 둘째 단계는 혼동의 시기다. 처음에 행한 관찰을 재현하지 못하면서 서로 다른 의견들 사이에 갈등이 일어나고, 여러 성공과 실패를 거치면서 관찰의 결과를 정교하게 하는 시기다. 이때에는 서로 다른 양식이 부분적으로 합종연횡하는 모순이 생긴다. 셋째 단계는 사고양식이 정립되어 일종의 게슈탈트로 작용해, 보는 즉시 그것을 거부감 없이 일정한 형식으로 감지하고 수용하게 되는 시기다.

플렉은 과학적 사실을 "사고양식에 따른 개념의 관계"로 정의한다. 플렉에 따르면 사실은 지식의 능동적 요소 혹은 수동적 요소가 그러하듯 사고양식과 밀접하게 관련된다. 그러므로 사실인지 사실이 아닌지를 가르는 기준도 사고양식에 달려 있다. 이는 사실이 진리와는 다르다는 뜻이다. 사람들은 종종 사실을 '진리'처럼 여기는데, 그때는 당연하게도 사고양식이 최고조에 달한 시점이다.

플렉은 사실이 변한다고 말한다. "두 가지, 곧 사고와 사실은 변화한다. 왜냐하면 … 새로운 사실은 단지 새로운 사고를 통해서만 발견될 수 있기 때문이다."(Fleck, 2019: 69-70) 그러므로 "과학적 사실이 사고양식에 종속된다는 점은 명확하다"(Fleck, 2019: 85). 이렇듯 사실은 옳고 그름이 아니라 사고양식을 따르는지 그러지 않는지로 판가름해야 한다. 사고양식에 부합하면 사실이고, 부합하지 않으면 오류다.

사실이 사고양식에 따르는 것이라면, 그것은 사고집단 내에서만 작동한다. 다시 말해 '사실'이라는 단어 앞에는 '해당 사고집단의 것'이라는 관용어가 붙어야 마땅하다.

"모든 사실은, 해당 사고집단이 정신적으로 관심을 쏟는 것과 같은 노정에 있다."(Fleck, 2019: 132) 달리 말해 사실은 그것의 사고집단 밖에서는 아무런 의미가 없다. 아울러 사고양식이 성립하면 사고강요와 게슈탈트가 나타나 다른 식으로 생각할 수 없게 하고 다른 게슈탈트가 등장할 수 없게 한다. 특정 방식으로 생각하는 것에 대한 저항은 그렇게 생각하려고 노력을 기울이는 곳에서나 의미가 있을 뿐, 그것에 대해 아예 무관심한 곳에서는 의미가 없다. 그래서 미학이나 법학에서의 사실이 자연과학에서는 사실이 아니다.

이렇게 사실이 사고강요와 게슈탈트의 기능을 한다는 것은 사람들이 보통 '진리'로 여기는 바와 같다. 사고강요와 게슈탈트가 강력한 것은 우리가 그것을 폭력으로 강요받고 있다고 느끼기 때문이 아니라 논리적으로 진리라고 여기기 때문이다. 예컨대 초창기 세균학에서는 종의 특성이 변하지 않는다는 주장이 통용되었는데, 왜 그런지 당시 연구자에게 물었다면 아마도 그것이 '옳으니까'라는 답변을 들었을 것이다. 우리는 사고양식이 바뀐 이후에야 비로소 그러한 생각이 양식에 구속된다는 점을 깨닫는다. 그러므로 "사실은 사고집단의 양식으로 표현될 수밖에 없다"(Fleck, 2019: 133).

사실은 하나의 사건

여기서 주목해야 할 점은 사실이 하나의 '사건'이라는 것이다. 플렉은 바서만 진단법을 요약하면서 다음과 같이 말한다. "바서만 진단법이 매독과 맺는 관계(이는 의심할 여지없는 사실인데)는 이러한 관점에서 볼 때 사고의 역사에서 일어난 사건이다."(Fleck, 2019: 128) 한마디로 그 관계는 고정된 것이 아니라 역사적인 상호작용의 결과다. 지식의 여러 요소가 만나는 접점이나 그물망은 여러 아이디어가 역사적으로 변형되면서 작용한 결과다. 그것은 계속 형태를 달리하기에 여러 요소가 만나 일순간에 단 한 번 상호 작용해 발생할 수 있는 하나의 '사건'이지, 어떤 정형화된 형태를 갖추고 지속되는 것이 아니다.

그러므로 "사실은 결코 고립된 실험으로 입증될 수 있는 것이 아니다"(Fleck, 2019: 128). 역사적 사건을 실험실에서 동일한 결과로 만들어 낼 수 있을까? 어림없는 일이다. 과학적 실험을 수행해 본 경험이 있는 플렉은 그러한 논리적 절대성에 의구심을 표했다. 일반적으로 실험은 자연 상태를 그대로 실험실로 옮겨 증명하는 과정으로 간주되며 그 결과가 아무런 의심 없이 받아들여지지만, 경험은 이보다 훨씬 더 풍부하고 복합적이다.

한 사회에서 어떤 문제를 해결하고자 할 때 여러 가지 생각을 떠올릴 수 있는데, 이들 생각조차 모두 역사적으로 형성된 것이다. 따라서 과거부터 발전되어 온 여러 생각이 현안의 문제를 해결하기 위해, 곧 하나의 접점을 이루면서 구체적인 표현으로 드러난다. 그래서 플렉은 역사적 사건의 일회성(Einmaligkeit)을 유독 강조한다.

그렇다면 사실은 무엇으로 입증되는가? 플렉에 따르면 "오로지 널리 퍼진 경험을 통해, 곧 특정한 사고양식에 의해 입증될 수 있다"(Fleck, 2019: 128). 사고는 문화에 의해 다른 산물이 만들어지는 것과 같은 방식으로 현실을 드러내고 그 자체로 어떤 조화로운 변화를 만들어 낸다. "그러므로 예술이나 삶에서와 마찬가지로 자연과학에서도 문화에 대한 충실성 외에 다른 자연에 대한 충실성이란 존재하지 않는다."(Fleck, 2019: 48)

이러한 논의를 통해 플렉은 당시의 철학적 논의와 사회학적 논의 양자를 모두 비판했다. 빈 모임의 철학자들은 인간의 사고, 곧 논리에 너무 집착했다. 이들은 인간의 사고를 절대적인 것으로 여기면서 사고가 경험적 현상과 독립되어 불변한다고 보았다. "이들은 논리를 지나치게 신봉하는 실수, 곧 논리적 추론을 종교적으로 신봉하는 실수를 범한다."(Fleck, 2019: 69) 한편 루드비크 굼플로비치

(Ludwig Gumplowicz), 빌헬름 예루잘렘, 뤼시앵 레비브륄 등 사회학자는 "과학적 사실에 일종의 종교적 존경심을 보였다"(Fleck, 2019: 65). 이들은 사실을 불변하는 것으로 여기고 사실이 지식으로부터 나온다고 생각했다. 요컨대 사실과 논리 모두 절대적이지 않은데, 사회학자는 사실을 절대적으로, 논리실증주의자는 논리를 절대적으로 생각하면서 오류를 저질렀다.

참고문헌

Elkana, Y.(1986). Is There a Distinction Between External and Internal Sociology of Science?(Commentary on a Paper of John Ziman). In Cohen, R. S. & Schnelle, T.(eds.). *Cognition and Fact: Materials on Ludwik Fleck*, pp. 309-316. Dordrecht: Reidel.

Fleck, L.(2014). *Denkstile und Tatsachen: Gesammelte Schriften und Zeugnisse*. Berlin: Suhrkamp Verlag.

Fleck, L.(2019). *Entstehung und Entwicklung einer wissenschaftlichen Tatsache: Einführung in die Lehre vom Denkstil und Denkkollektiv*. Berlin: Suhrkamp Verlag.

Heelan, P. A.(1986). Fleck's Contribution to Epistemology. In Cohen, R. S. & Schnelle, T.(eds.). *Cognition and Fact: Materials on Ludwik Fleck*, pp. 287-308. Dordrecht: Reidel.

Lindenmann, J.(2001). Siegel, Schaudinn, Fleck and the Etiology of Syphilis. *Studies in History and Philosophy of Biological and Biomedical Sciences, 32*(3), pp. 435-455.

Schafer, L. & Schnelle, T.(1983). Die Aktualität Ludwik Flecks in Wissenschaftssoziologie und Erkenntnistheorie. In Fleck, L. *Erfahrung und Tatsache: Gesammelte Aufsätze. Mit einer Einleitung*, pp. 9-34. Schäfer, L. & Schnelle, T.(eds.). Frankfurt a. M.: Suhrkamp Verlag.

Schutz, A.(2007). Das Problem der Wahrheit wissenschaftlicher Tatsachen. In Chołuj, B. & Joerden, J. C.(eds.). *Von der wissenschaftlichen Tatsache zur Wissensproduktion: Ludwik Fleck und seine Bedeutung für die Wissenschaft und Praxis*, pp. 133-160, Frankfurt: Peter Lang.

Van den Belt, H.(2002). Ludwik Fleck and the causative agent of syphilis: sociology or pathology of science? A rejoinder to Jean Lindenmann. *Studies in History and Philosophy of Biological and Biomedical Sciences, 32*(3), pp. 733–750.

07
사고양식

플렉에 따르면 무엇을 인식하는 것은 그 주체와 객체뿐 아니라 이 둘 사이에서 상호작용하는 사고양식이 존재하기에 가능하다. 개인이 아니라 사회가 만들어 낸 사고양식은 그것을 공유하는 개인에게 사고를 어느 정도 제한하는 일종의 인식 틀로서 작용하기도 하지만, 항상 변화하고 정형화되지 않기에 계속 바뀐다. 한 시대에는 여러 사고양식이 존재하고, 한 개인이 서로 다른 사고양식, 심지어 서로 관련 없는 사고양식을 여럿 갖고 있을 수 있다. 사고양식이 사회 변동과 아예 관련성이 없다고 할 수는 없지만, 사회 변동이 사고양식을 직접 변화시키기보다는 사고의 역사가 바뀌면서 사고양식도 변화한다.

사고양식이란 무엇인가

플렉의 사상에서 가장 중요한 개념인 사고양식이란 무엇인가? 정리하는 차원에서 종합적으로 살펴보고자 한다. 플렉은 지식의 출현에서 역사적·사회적 요인이 지배적이라고 말한다. 모든 관찰에는 이론이 어느 정도 포함되어 있기에 중립적인 관찰 데이터란 존재하지 않는다. 관찰자에게 영향받지 않는 관찰은 없으며, 관찰자의 사고방식은 그가 속한 사회, 특히 사고집단에 영향을 받는다. 플렉에 따르면 "모든 양식이 그러하듯이, 사고양식은 특정한 분위기와 그 분위기를 현실화하는 실행에서 나온다"(Fleck, 2019: 130). 여기서 분위기란 어떤 특정한 감각을 선택하고 그에 따라 행동하는 것을 말한다. 그래서 "**특정한 방향에서 지각하고, 그에 따라 생각하거나 실제로 활용하는 것을 사고양식이라고 정의할 수 있다**"(Fleck, 2019: 130).

가장 단순한 형태의 사고양식은 공통된 관심을 공유하는 두 명 이상의 사람들이 서로 대화하면서 자신의 느낌이나 상대와 공유하는 것을 표현하는 가운데 등장한다. 여러 사람이 "관심을 두는 문제의 특징을 공통으로 확인하면" 이들은 "인식 수단으로 사용할 방법"(Fleck, 2019: 130)을 찾게 된다. 이는 처음에는 일시적일 수 있지만, 그 과정을 계속하다 보면 조금씩 하나의 흐름이 형성된다. 그뿐 아니라 양육, 교육, 전통을 통해 전달되는 사전 지식이 있는데, 이를 밑바탕으로 사고양식을 이루는 출발점이 형성된다.

사고양식이 형성되는 과정은 몇 단계를 거치는데, 그 단계는 '능동적 연결'과 '수동적 연결'에 의해 결정된다. '능동적 연결'은 지식의 능동적 요소가 작동하는 과정으로, 연구자가 실험이나 관찰을 통해 최초의 개념을 발전시키고 논지를 세운다. 이 과정을 계속하다 보면 해당 집단에 공통적인 서술 언어가 점차 뚜렷해지고 관찰의 규칙이나 결론을 내는 방식이 어느 정도 합의에 이른다. 이때부터 사고양식이 구체화하기 시작하는데, 여기서 앞으로 사용해야 할 전문 용어가 정해지고 연구자는 사고양식의 논리를 따른다. 그 논리 구조에 따르면서 제반 현상과 개념 사이에 의무적으로 수행해야 할 '수동적 연결'이 생겨난다. 그 결과 과학은 객관성을 더욱 강조하기 위해 가능한 한 더욱 엄격하고 강력한 '수동적 연결'을 취하려는 경향을 드러낸다.

그러나 한 시대에 지배적이고 절대적인 사고양식이 하나만 존재하는 것은 아니다. 플렉에 따르면 오히려 여러 사고양식이 동시에 존재할 수 있다. 게다가 한 개인에게 비슷한 사고양식이 여러 개 있기도 하고, 심지어 그것들 사이에 연관성이 없을 수도 있지만, 당면한 문제를 해결하는 데에는 아무런 문제가 되지 않는다. 오히려 어떤 문제를 해결하는 데에는 "종종 서로 아주 가까운 사고양식보다는 서로 다른 여러 사고양식이 필요하다"(Fleck, 2019: 145). 예컨대 의사는 치료 외에 다른 사고양식을 갖기도 한다. 그것이 화학이 아니라 역사문화인 경우도 종종 볼 수 있다. 게다가 과거의 양식이 완전히 사라지지 않기도 한다. 사고양식이 변화한 뒤에도 여전히 과거의 사고양식에 집착하는 사람이 존재한다. 가령 현대에 점성술사나 마법사가 존재하는 것처럼 사회의 전체적 분위기에 어울리지 않는 별종이나 괴짜가 존재하기도 한다. 사고양식은 변화하지만, 그 흔적은 여전히 남아 있다. 그저 그것의 색깔만 변했다고 보아야 할까? 현재의 매독 개념이 과거의 신비적이고 도덕적인 형태에서 나왔고, 학술적인 장력(Kraft)이 일상적 힘이라는 개념에서 유래했듯이 말이다.

사고양식이 역사사회적 성격을 띤다고 해서 모든 사고집단이 사회적 분위기에 직접 영향을 받는다고는 말할 수 없다. 따라서 사회 전반을 아우르는 하나의 사고양식, 예컨대 어떤 민족이나 인종이 단 하나의 사고양식을 갖고 있다고 생각하는 것은 잘못이다. 물론 사고집단은 사회적이기 때문에, 이른바 '갈릴레이 사고양식'과 같은 개인적 사고양식 역시 존재할 수 없다.

사고양식의 경직성·안정성

사고의 내용이 양식화 혹은 체계화를 거치면서 사고강요가 등장한다. 수동적 요소와 능동적 요소가 증가하면서(이는 사실이 증가한다는 의미이기도 하다), 논리적 합리화 혹은 추론 과정이 하나의 양식으로 굳어진다. 이렇게 하나의 사고양식이 등장하면 그 체계에 맞추어 현상을 해석하려는 경향이 강해지고, 그 가운데 소위 '착각의 조화(Harmonie der Täuschung)'까지 등장한다. '착각의 조화'란 사고양식의 내적 조화를 꾀하는 것으로, 원래 필수적이었던 전제 조건을 속이고 넘어가는 현상이다. 연결성이 부족한 여러 현상을 어떻게든 사고양식에 조화롭게 맞추려는 시도로서, '과학적' 결과를 확신하고 그에 안주하는 현상이다. 따라서 착각의 조화가 깨질 때 비로소 발견이 시작된다.

특정한 사고방식이 형태를 갖추면 그것을 고수하려는 경향인 소위 관성풍조(Beharrungstendenz)가 생긴다. 이러한 풍조는 나태함이나 조심스러운 태도에서 나온 것이 아니다. 그것은 적극적 방식이며, 구체적으로 다섯 가지 형태로 드러난다. ① 해당 시스템에 모순되는 것은 상상할 수 없는 것인 양 취급하고, ② 여기에 적응하지 못하는 것은 보이지 않게 하며, ③ 만약 부적응의 사례가 알려진다고 해도 아예 못 본 체하거나, ④ 모든 힘을 동원해 그 시스템에 모순되지 않는다고 선언하거나, ⑤ 지배적 견해에 조응하는 상황만을 보고 기술하며 모사(模寫)한다. 이 가운데 가장 적극적인 것은 바로 마지막 형태로, 모든 학설이 이에 해당할 수 있다.

이러한 '사회적 강화'를 거친 사고양식은 개인에게 '달리 생각할 수 없도록' 하는 강제성을 안긴다. 플렉은 이를 사고강요라고 불렀다. 즉 사고강요는 "사실이라는 개념에 존재하는 강요"다. 마치 '사실'이라고 하면 우리가 마땅히 인정해야 한다고 생각하게 하는 그러한 강요다. 이렇듯 사고양식은 그것의 담지자인 사고집단의 구성원에게 제한을 지운다. 이로써 사고집단의 구성원은 사고양식에 제약을 받거나 구속된다. 플렉은 사고양식이 어떻게 구체적으로 작용하는지 보여 주는 사례로 유명한 과학자들이 루이 파스퇴르(Louis Pasteur)의 이론을 한동안 받아들이지 못한 것을 들었다. 유스투스 폰 리비히(Justus von Liebig), 헤르만 폰 헬름홀츠(Hermann von Helmholtz), 클로드 베르나르(Claude Bernard)와 같은 과학자들은 효모의 역할에 관한 파스퇴르의 이론을 거부했다. 심지어 그것을 반박하는 실험을 하거나 파스퇴르를 놀림감으로 삼았다. 폰 리비

히는 파스퇴르의 주장을 뒷받침하는 몇 가지 현상을 인정하지 않았는데, 그것들이 아주 쉽게 입증될 수 있고 오해하기 어려운 것임에도 그렇게 했다. 이러한 사고강요가 느슨해질 때, 비로소 새로운 발견의 가능성이 열린다.

사고양식의 핵심은 게슈탈트다. 플렉에 따르면 "일정한 방향의 인지를 위한 준비 자세가 사고양식의 핵심을 형성한다"(Fleck, 2019: 121). 즉 사고양식은 게슈탈트를 통해 가장 분명하게 드러난다. 사고집단의 구성원은 무엇인가를 보는 즉시 어떤 게슈탈트를 연상한다. 이 특정한 게슈탈트로 인해 사고양식은 "그것과 다른 게슈탈트를 배제하고 다른 사실도 불가능하게" 한다(Fleck, 2019: 122).

사고양식의 변화

그러나 사고양식이 변화하지 않는 것은 아니다. 무엇을 인식하고 사고하는 일이 기본적으로 역사적 혹은 사회적 맥락에서 일어나기에, 사고양식도 당연히 고정된 것이 아니다. 사고양식을 바꾸는 것은 개인이 시도할 수도 있지만, 출발만 그러하고 변화는 항상 사회 속에서 집단적으로 이루어진다. 이렇듯 사고양식은 전체적이고 역동적인 특성에 의해 유연성이 보장되며, 집단 내에서 혹은 집단 밖과의 끊임없는 사고교류를 통해 관성풍조를 끊어 내고 새로운 것으로 이동한다.

플렉이 이러한 변화의 모습을 가장 상세하게 표현한 대목은 다음과 같다.

> 요컨대 새로운 관찰, 다시 말해 새로운 발견은 다음과 같이 일어난다. 균형이 유지되던 시기의 한가운데에서 어떤 정신적인 동요와 변화의 조짐이 발생한다. 곧 모순되는 형상이 나타나고 서로 바뀌는 혼란 말이다. 그때까지 확고했던 형상이 산산이 부서지고, 다양하고 모순적인 게슈탈트가 형성된다. 다른 분야에서, 곧 예전에 주목받지 못하고 고립된 분야에서 어떤 동기가 생겨난다. 즉 역사적이고 거의 우연적인 연관성, 다양한 지적 잔해와 유산, 심지어 때로는 소위 오류와 오해가 이전과는 다른 동기를 부여한다.… 이러한 혼란의 와중에서 새로운 게슈탈트가 연구자에게 상징적인 강렬한 비전으로 비칠지, 아니면 … 선택을 가로막는 미약한 저항의 신호로 작용할지는 그 연구자가 처한 긴장된 분위기에 달려 있다. 양쪽 어느 경우든 사람들은 이 새로운 게슈탈트가 소멸하지 않도록 보호해야만 한다. 사람들은 이것을, 이제는 중요하지 않고 우연적이게 될 것과 구분할 수밖에 없다.…

> 사람들은 다르게 사고할 준비를 해야만 하고 다른 사람도 그렇게 교육해야만 한다. 이것이 성공하면, 여기에 참여하는 사람은 모두 이 새로운 게슈탈트를 직접 제 눈으로 받아들이게 된다. 마치 누구와도 상관없는 유일하고 영원한 진리가 있기라도 하는 양 말이다. 이 게슈탈트는 다음 분위기 전환이 있을 때까지, 지금의 양식에 맞는 것으로 … 여겨진다.(Fleck, 2014: 232)

이러한 사고양식의 전환은 거대한 흐름이라기보다는 어쩌면 일상에서 사소하게 벌어지는 현상이다. 토머스 쿤이 그려 낸 혁명을 통한 전환이 아니다. 플렉은 세균학에서 일어난 '사고양식'의 변화를 대략 다음과 같이 묘사한다. 처음에는 무질서한 관찰이 계속되다가 드디어 소위 '파스퇴르와 코흐[로베르트 코흐(Robert Koch)]'의 시대에 어떤 사고양식이 형성된다. 이때의 사고양식은 박테리아의 변형이 잦다는 이유로 모든 관찰이 배양액을 주입한 후 24시간 내에 이루어지도록 한정했다. 따라서 2차 변이가 일어났음에도 이를 무시하고 관찰하지 않았다. 당시 사고양식이 말하자면 '착각의 조화'라는 명제에 매몰되었기 때문이다. 그런데 바서만 연구의 공동 연구자인 알베르트 나이서와 루돌프 마시니(Rudolf Massini)가 1906년 배양액을 주입하고 며칠 후 박테리아에서 일어난 변이 현상을 관찰하면서 혼란이 생겼다. 마침내 사람들이 2차 변이의 관찰에 참여하고 그것을 인정하면서, '착각의 조화'가 끝나고 새로운 발견이 시작되었다.

이러한 사고양식의 전환은 그저 사상사적 사건인가, 아니면 사회적 변화와 관계가 있는가? 플렉은 사회적 혁명과 과학적 혁명이 동시에 일어난다고 여기지는 않았지만, "거대한 사고양식의 전환, 말하자면 중요한 발견이 전반적인 사회적 동요의 시기에 매우 자주 일어난다"(Fleck, 2019: 124-125 주4)고 봤다. 그러한 '불안정한 시기'에 의견 다툼, 관점의 차이, 모순, 애매함, 불가능성 등이 어떤 의미를 직접 감지하는 게슈탈트를 나타내고, 이러한 상태에서 새로운 사고양식이 등장한다. 초기 르네상스와 제1차 세계대전 후가 바로 그러한 혼란의 시기였다. 그러나 플렉은 그러한 경향이 있다고 이야기할 뿐 사고양식의 변화를 서술할 때 사회적 변화를 전혀 언급하지 않는다.

참고문헌

Amsterdamska, O.(2004). Achieving disbelief: thought styles, microbial variation, and American and British epidemiology, 1900–1940. *Studies in History and Philosophy of Biological and Biomedical Sciences, 35*, pp. 483–507.

Bloor, D.(1986). Some Determinants of Cognitive Style in Science. In Cohen, R. S. & Schnelle, T.(eds.). *Cognition and Fact: Materials on Ludwik Fleck*, pp. 387–398. Dordrecht: Reidel.

Fleck, L.(2014). *Denkstile und Tatsachen: Gesammelte Schriften und Zeugnisse*. Berlin: Suhrkamp Verlag.

Fleck, L.(2019). *Entstehung und Entwicklung einer wissenschaftlichen Tatsache: Einführung in die Lehre vom Denkstil und Denkkollektiv*. Berlin: Suhrkamp Verlag.

Gradmann, C.(2004). A harmony of illusions: clinical and experimental testing of Robert Koch's tuberculin 1890 – 1900. *Studies in History and Philosophy of Biological and Biomedical Sciences, 35*, pp. 465–481.

Sauerland, K.(2017). Der Begriff des Denkstils bei Ludwik Fleck. *theologie.geschichte Beiheft, 9*, pp. 37–58. https://doi.org/10.48603/t.g.v0i9.1023

Van den Belt, H. & Gremmen, B.(1990). Specificity in the Era of Koch and Ehrlich: A Generalized Interpretation of Ludwik Fleck's 'Serological' Thoughts Style. *Studies in History and Philosophy of Biological and Biomedical Sciences, 35*, pp. 463–479.

Werner, S.(2014). Denkstil–Paradigma–Avantgarde. Zum Verhältnis von Wissenschaft und Kunst in den Wissenschaftstheorien Ludwik Flecks und Thomas Kuhns. In

Sakoparnig, A. et al.(eds.). *Paradigmenwechsel: Wandel in den Künsten und Wissenschaft*, pp. 53–66. Berlin: De Gruyter.

08
사고집단

사고집단은 사고양식을 공유하는 사람들로 구성된다. 사고집단 역시 사고양식처럼 항상 변화한다. 따라서 정형화된 구조를 갖춘 일반적 사회 조직과는 성격이 다르다. 크고 작은 여러 사고집단이 존재하지만, 대체로 내부적으로는 두 하위집단, 곧 핵심서클과 외곽서클이 존재한다. 사고집단도 항상 전환되는데, 그것의 전환은 사고교류를 통해 이루어진다. 사고교류는 사고집단들 사이에서 일어나기도 하지만, 사고집단 안에서, 즉 하위집단 사이에서도 발생한다.

사고집단의 정의

플렉은 특정한 사고양식을 갖고 있는 집단을 사고집단이라고 정의한다. 곧 "사고양식의 공통된 담지자를 우리는 사고집단이라고 부른다"(Fleck, 2019: 135). 그런데 사고양식은 어느 특정한 시기나 세계관을 지칭하지 않으며, 어느 개인이나 사회집단 또는 제도와 전혀 비슷하지 않다. 그래서 그 실체를 상상하기란 쉽지 않다. 게다가 사고양식은 시시각각 변하기에 그것을 공유하는 집단이라는 사고집단 개념이 선뜻 이해되지 않을 수 있다. "사고집단이라는 개념에 … 고정된 집단 혹은 사회계급이라는 가치는 부여되지 않는다. 그것은 말하자면 실질적 개념이라기보다 기능상 개념으로, 예컨대 물리학의 역장(力場, Kraftfeld) 개념에 비견될 수 있다."(Fleck, 2019: 135)

그래서 사고집단은 일반 사회집단과는 분명 다르다. 예컨대 누군가가 한 종교집단에 공식적으로 소속되어 있다면, 아마도 그는 그 종교를 믿는 사람들이 구성하는 사고집단에 속할 것이다. 그러나 그 종교집단에 소속된 사람 모두가 그 사고집단에 속하지는 않는다. 반대로 그 종교의 공식적인 구성원이 아니라고 하더라도 그 사고집단에 속할 수 있다. 말하자면 사회적 구성과 정신적 구성은 차이를 보일 수 있다.

그렇다면 인류를 하나의 사고집단으로 볼 수 있을까? 플렉은 이러한 생각에 반대한다. 한 계급이나 특정 민족을 아우르는 사고양식이 존재할 수 없듯이, "호모 사피엔스 종 전체를 포괄하는 사고집단 개념은 그다지 유용하지 않다. 서로 다른 각각의 인간 사회 사이에 지적 상호작용이 거의 없을 것이기 때문이다"(Fleck, 2019: 68). 사고양식은 사회적이고 역사적인 것인데, 인류가 공통된 역사문화적 토대 위에서 경험을 하지 않기에 인류 전체를 포괄하는 사고집단 개념은 원칙적으로 유용하지 않다. 물론 앞으로는 상황이 달라질 수도 있을 것이다.

사고집단은 어떻게 변화하는가? 그 변화 과정에 소위 '일시적인 사고집단'이 존재한다. 사회집단, 곧 직업이나 분야 혹은 종교에 따라 사회집단이 형성되더라도 그 구성원들이 항상 동일한 사고집단을 구성하지는 않는다. 물론 이들 사회집단도 확고한 신념 체계를 갖고 있을 수 있고, 그렇다면 이들의 사고양식도 확고할 수 있다. 하지만 우연히 구성된 집단 내에서 사고교류가 이루어지면서 일부가 얼마간의 기간 동안 특별한 상황, 곧 공동체 내에서 그간 전혀 나오지 않았던 생각을 밝힐 수 있는 집단이 형성되기도 한다. 이는 "우연적이고 일시적인 사고집단"(Fleck,

2019: 135)이다.

그러나 일시적인 사고집단이 안정을 이루어 사고집단으로 자리 잡으면, 그 구성원 대부분은 사고집단의 유지를, 다시 말해 사고양식의 관성을 지지한다. 그러면 "안정되거나 혹은 비교적 안정된 사고집단"(Fleck, 2019: 135)이 성립한다. 그것은 앞선 일시적인 사고집단에 비해 규모도 크고 오래 지속되며 조직적 형태를 띤다. 초기에는 두서없고 순간적인 사고집단의 형태를 띠다가 점차 어느 정도 규율을 갖추고 규칙적·공식적 체제가 지배한다. 대표적인 것이 바로 근대의 과학집단이다.

사고집단의 핵심서클과 외곽서클

일반적인 사회집단과 달리, 사고집단은 형식적 구성이 존재하지 않기에 사회적 구성을 살피기가 어렵다. 곧 사고집단의 구성원인지 아닌지를 구분하는 형식상 혹은 내용상 경계선이 없다. 또한 옛 길드나 종교집단에도 사고집단이 존재했을 것으로 여겨지지만, 그것들에는 권위적인 가르침이나 일방적인 주입식 사상 교육이 있었기에 플렉이 의미한 사고집단으로 보기는 무리가 있다. 근대의 과학집단은 이들 집단과는 완전히 다르다. 하지만 과학집단에도 분명 사고강요나 경직성과 같은 폐쇄적 성격이 존재한다. 넓게 보면 초보자 교육도 집단의 관성을 유지하는 장치의 일환이다. 거부감이 덜한 개념을 통해 신뢰감을 쌓고, 이후 서서히 사고집단에 스며들도록 교육해 사고양식을 전유하게 하는 효과를 거둔다.

그러나 "모든 사고공동체의 특징적인 구조"가 있는데, 바로 "모든 사고 구성체가, 그것이 신앙적 도그마이건, 학술적 아이디어이건, 예술적 사조이건 간에, 사고집단 참여자들의 작은 핵심서클(esoterischer Kreis)과 그보다는 더 큰 외곽서클(exoterischer Kreis)로 구성된다"(Fleck, 2019: 138)는 점이다. 쉽게 말해 이는 "엘리트와 대중"의 관계다. 어느 개인은 핵심서클에 속하기 어렵지만, 외곽서클에 들어가기는 상대적으로 쉽다. 그래서 어느 개인이 여러 사고집단에 소속될 수는 있지만, 대개 여러 사고집단의 핵심서클에 속하지는 못한다. 그 어떤 사고집단의 핵심서클에도 속하지 못한 사람이 대부분일 것이다. 여러 사고집단의 외곽서클에 끼어 있는 경우가 태반이다.

사고집단이 경직성이나 관성에 힘입어 지속되는 것은 사고집단 내의 핵심서클과 외곽서클이 부단하게 상호작용한 결과다. 일반적인 사회 조직에서 엘리트가 대중을 장악하는 것이 보통이듯 사고집단을 주도하는 것 역시 전문가라고 할 수 있는 핵심서클이다. 그러나 사고집단에서는 양자의 관계가 조금은 특별하다. 내부의 핵심 전문가들은 초보자들이 알기 쉽게 지식을 요약하고 단순화하며 일반화한다. 외곽서클이 지식을 습득하도록 말이다. 이는 외곽서클이 핵심서클에 의존하는 형태다. 이와 반대로 핵심서클도 사고집단의 영속성을 위해 외곽서클에 의존한다. 곧 핵심서클의 지식이 정통성을 얻기 위해서는 외곽서클의 지지가 절대적으로 필요하다.

사고교류

지식과 사고는 계속 변화하고 사고양식과 사고집단도 마찬가지다. 그렇다면 이러한 변화는 무엇을 통해 생겨나는가? 바로 사고교류를 통해서다. 사회의 구성원인 각 개인이 서로 다른 생각을 하기에, 사회 내에서는 끊임없이 의사교환과 소통이 이루어진다. 이는 개개인과 사고집단들 사이에서뿐 아니라 사고집단 내 여러 서클 사이에서도 빈번하게 일어난다.

사고집단 간의 교류는 본질적으로 사고양식 사이의 차

이가 클수록 적게 일어난다. 사고교류가 일어나려면 기본적으로 공유된 어떤 것이 있어야 하기 때문이다. 서로 간에 차이가 너무 크면 그만큼 소통의 접점도 없다. 어느 사고집단에서 사실로 통용되는 것도, 다른 사고집단에서는 자의적인 생각이나 심하면 허구로 여겨지기 십상이다. 사고집단 사이의 차이가 그리 크지 않을 때 사고교류가 이루어지면, 각 사고집단은 부분적 사실을 수용하거나 의미를 바꾸어 받아들인다. 자연과학자들이 연금술사들의 사실 중 일부를 받아들인 것처럼 말이다.

이러한 사고교류에서 핵심은 단어다. 의사소통은 언어를 통해서 이루어지는데, 언어의 가장 기본적인 단위인 단어부터 소통 과정에서 그 의미가 계속 변화한다.

> 모든 단어에는 어느 정도 사고양식에 맞게끔 색칠된 내용이 들어 있기 마련인데, 이것이 사고집단 사이를 오가면서 변화한다. 곧 그에 따라 약간씩 의미가 바뀌는 것이다. 일종의 '옮겨 말하기'를 하는 것처럼, 처음 사용한 사람의 단어와 마지막에 사용하는 사람의 단어에는 큰 차이가 있다. '힘', '에너지', '시도'라는 단어는 물리학자, 언어학자, 운동선수가 사용할 때 각각 다른 의미를 띤다. '설명하다'라는 단어가 철학자와 화학자가 사용할 때 다르고, '빛'이 예술가와 물리학자 사

이에, 혹은 '규칙'이 법률가와 자연과학자 사이에 다른 것처럼 말이다.(Fleck, 2019: 143)

조직이라는 용어는 경제학과 생물학에서, 세포라는 단어는 정치학과 생물학에서 각각 다른 의미로 사용된다. 각 개인이 (핵심서클과 외곽서클 모두를 포함한) 다양한 사고집단에 속하기 때문에 항상 변형의 가능성은 열려 있다. 심지어 어떤 이는 서로 대립하는 사고집단에 동시에 속한 채 여러 방식으로 사고를 교류할 수 있다.

일반적으로 서로 다른 사고집단들 간 사고교류는 사고양식을 근본적으로 바꾸는 데 비해, 한 사고집단 내부의 사고교류는 내적 조화를 강화하는 방식으로 전개된다. 여기서 사고교류는 주로 핵심서클과 외곽서클 사이에 이루어지기에, 선생과 학생 사이 혹은 장인과 도제 사이에 이루어지는 교육·전수의 형태를 띠는 경우가 많다. 따라서 사고집단 내부의 사고교류는 해당 사고양식을 바꾸기보다 더 널리 퍼뜨리거나 내부적으로 더 강화하는 방향으로 진행된다.

참고문헌

Fleck, L.(2014). *Denkstile und Tatsachen: Gesammelte Schriften und Zeugnisse*. Berlin: Suhrkamp Verlag.

Fleck, L.(2019). *Entstehung und Entwicklung einer wissenschaftlichen Tatsache: Einführung in die Lehre vom Denkstil und Denkkollektiv*. Berlin: Suhrkamp Verlag.

Münch, B. & Przybilski, M.(2017). Ludwik Flecks Theorie vom Denkkollektiv und die historischen Kulturwissenschaft. In Endreß, M. et al.(eds.). *Zyklos 3: Jahrbuch für Theorie und Geschichte der Soziologie*, pp. 53-70. Wiesbaden: Springer.

09

사고집단으로서 근대과학

사고양식과 사고집단이라는 일반적인 용어를 사용한 것으로 보나, 자연과학과 인문학을 굳이 구별하지 않은 것으로 보나, 플렉이 사용한 용어는 자연과학에 국한되지 않는다. 그러나 플렉이 집중적으로 연구한 분야를 볼 때에는 근대의 과학집단이 지니는 특징을 검토하지 않을 수 없다. 플렉도 이를 의식한 듯 이 집단의 특징 몇 가지를 밝혔다. 근대의 과학집단은 핵심서클과 외곽서클의 형태가 분명하고, 이 두 그룹 사이의 사고교류가 독특하며, 민주적 원칙이 생겨나 수적으로 우세한 외곽서클이 지배적이다.

사고양식의 집단화

사고양식이 변할 뿐이라면 과학은 발전하지 않는가? 플렉은 반드시 그렇지는 않다고 답한다. 비록 궁극적 진리란 존재하지 않고, 따라서 과학의 방식도 사고양식에 따라 달라질 뿐이라고 말하지만, 그 전개 과정이 그러할 뿐 지식과 진리가 완전히 상대적이라고 믿지는 않았다.

그렇다면 지식의 수동적 요소와 능동적 요소가 늘어난다거나 사실이 증가하는 것을 어떻게 보아야 할까? 또는 능동적 연결과 수동적 연결이 촘촘해지는 것, 다시 말해 이들의 접점이 늘어나는 것을 목표로 삼는 특정 방향이 아예 존재하지 않기에 과학이 발전한다고 말하기 어려운가?

이에 대한 충분한 답변이 되기는 어렵지만, 플렉이 말한 근대과학의 특징은 몇 가지 시사점을 던져 준다. 플렉은 근대과학의 특징에 비추어 전통과학의 문제점 두 가지를 꼽는다. 첫째는 실험 결과의 한계가 갖는 역동적이고 역사적인 특성을 무시했다는 점이고, 둘째는 과학의 개인주의적 구조다. 이러한 문제가 근대과학에서 어느 정도 극복될 수 있었던 가장 근본적인 이유는 사고양식의 집단화(Kollektivisierung)에 있다. 이것이 의미하는 바는 다음과 같다. 근대에 들어서면서 집단이 과학지식에 관한 토의와 논의를 맡게 되자, 토론 과정에서 나온 잘못된 견해나 오류에 대한 책임도 더는 개인이 오롯이 떠맡지 않고 집단이 지게 되었다.

플렉은 이를 설명하기 위해 자신이 들은 한 일화를 전한다. 일시적인 사고집단에 속한 의학자 몇 사람이 옛 책자에 기술된 질병을 두고 논쟁을 벌였다. 옛 책자에 묘사된 그림과 근대적 진단의 내용이 일치하지 않았기 때문이다. 이들은 해당 질병의 내용이 달라졌으니 그림을 바꾸는 것이 옳은지 혹은 질병 그 자체는 그대로이니 별문제 없는지를 놓고 대립했다. 이 과정에서 많은 오류가 발생했지만, 이 사고집단이 해체된 후 아무도 누가 어떤 오류를 범했는지 알 수 없었다. "우리는 투론과 비판이 난무할 때 매우 자주 다음과 같은 현상을 목격한다. 곧 누군가가 여러 번 자신의 의미를 바꾸어도 그것이 누구 생각이었는지 모른다."(Fleck, 2019: 160) 이는 과거처럼 교회나 정부의 지도자가 아니라 연구하는 다수가 인식의 옳고 그름을 결정하는 주체가 되었고, 그 과정이 정치적 혹은 종교적 권위가 아니라 인식에 대한 합의를 통해 이루어진다는 데 기인한다.

문외한 대중의 우위

근대적인 과학적·학술적 사고집단은 전문 지식을 갖춘 전문가(핵심서클)와 '교육받은 식자층'(외곽서클)이라는 하위집단으로 구성된다. 전자는 학술지와 백과사전 그리고 교과서 등을 통해 서로 생각을 공유하고 교류한다. 후자는 대중적인 식자층으로 구성되지만, 이들은 각각 다른 분야의 전문가일 수도 있다.

후자를 위한 대중과학은 비전문가를 위한 과학, 다시 말해 일반교양을 쌓은 호사가라는 좀 더 넓은 층을 위한 과학이다. 이들을 위한 대중과학서의 특징은 구체적 사건, 특히 논쟁거리가 있는 견해는 죄다 빼 버리고 인위적으로 도식화해 그저 옳고 그른 것을 단정하는 '명료한' 결론만 강조하는 데 있다. 대중을 위해 전문가들은 "힘든 작업을 통해 어렵게 밝혀낸 증거로 특별한 사고강요를 가하는 대신, 단순화와 가치판단을 앞세운 정리된 모습을 제시한다"(Fleck, 2019: 149). 대중적인 지식의 목표는 명료한 관점이다.

이러한 개론서의 서술은 겉보기에는 전문가의 지식과 무관한 것처럼 보이지만, 실제로는 전문가의 사고양식에도 영향을 미친다. 마치 사고강요처럼 말이다. 그 예가 바로 병인학 개념이다. 병인학은 전문적 논문보다는 대중적 사고, 비전문가의 사고에서 나왔다. 일단 그 개념이 입문서에 등재되자, 학생에게 가르쳐지고 널리 사용되어 인식 체제의 기본 토대가 되었다. 이처럼 어느 개념이 사고양식의 토대가 되었다는 것은 그 사고집단의 전문가에게 사고강요로 작용했음을 뜻한다.

이처럼 전문가의 지식에서 대중적인 비전문가 지식이 나오고, 그것이 다시 전문가의 게슈탈트에 영향을 미친다. 세균학의 전문 지식을 세균학 전문가가 아닌 일반 의사가 사용하는 경우가 한 예다. 세균에 관한 전문 지식을 일반인에게 제대로 전달하려면 모든 단어에 주를 달아야 할지도 모른다. 그나마 의사는 상대적으로 낫다. 그는 다른 사고집단의 전문가에 속하기 때문이다. 대중서는 진짜 일반인들에게는 세균에 대한 자세한 이야기는커녕 그냥 명칭만 알려 주고 만다. 이처럼 대중서에서는 전문가의 논의가 제외되는 것이 보통이다. 도형이나 그림을 이용하는 사례도 마찬가지다. 대중에게 더 친절하게 설명하기 위해 그림을 그리지만, 그러한 도식화의 내용은 다시 전문가의 연구에 사고강요로 작용한다.

여기서 나타나는 인식론의 특징은 바로 그것이 사후적 판단이라는 점이다. 플렉은 교과서가 전문 잡지의 총합이나 단순한 나열이 아니라고 주장한다(Fleck, 2019: 158). 전문적 연구는 종종 서로 대립하거나 모순적이기 때문에 단순하게 합할 수 있는 것이 아니다. 교과서에서 마냥 논쟁만 나열하고 있을 수도 없다. 그렇다면 불가피한 선택과 요약이 필요한데, 그 기준을 정하는 것이 바로 후속 연구의 방향성이다. 결국 발전해 온 결과를 보고 교과서에서 참고할 만한 연구를 선택하거나 요약할 기준을 만든다.

플렉은 전문 잡지의 과학과 교과서의 과학 간 관계를 진격하는 군대의 선발대와 본대의 관계에 비유한다. 이들 모두 전문가 집단에 속하는데, 선발대는 시시각각 새로운 정보를 보충하거나 정해진 위치 없이 항상 다른 곳으로 이동한다. 본대는 이들의 후방에서 아주 서서히 움직인다. 선발대가 미리 정보를 얻어 본대에 보고한다고 해도, 본대가 선발대가 보고한 방향대로 움직이리라고 보장할 수는 없다. 지형이나 다른 요소도 고려해야만 한다. 이는 과학이 사회적 속성을 지녔기 때문에 나타난다. 교과서를 작성하는 사람은 전문 잡지에 논문을 실을 때에 비해 개인적 견해보다는 종합적인 견해를 담고, 비교적 고정된 내용만을 서술한다. 전문가가 아니라 대중을 겨냥해야 하기 때문이다. 이렇듯 대중은 사회와 더 광범하게 연결되어 있기에, 그들의 힘이 우세하다.

민주적 성격

바로 여기서 근대과학이라는 사고집단이 지닌 또 다른 특성이 나온다. 민주적 성격이 그것이다. 플렉은 간간이 자연과학의 사고양식이 갖는 민주적 특징을 제시했다. 예컨대 근대적 자연과학에는 객관적 진리라는 이상에 조금이라도 더 다가가기 위해 각 요소에 대한 정보를 극대화해야 한다는 요구가 있는데, 이는 지식의 체계가 닫힌 것이 아니라 열린 것일 때 가능하다. 이러한 맥락에서 "자연과학적인 사고양식은 민주적으로 진행된다"(Fleck, 2019: 189).

사고집단의 구조적 구성에서도 민주적 성격이 나타난다. 사고방식의 내적 결속을 다지고 그것을 지속하려면 사고집단의 전문가는 비전문가 대중의 관심을 무시할 수 없다. 대중이 엘리트보다 강한 영향력을 발휘한다면 당연히 엘리트가 대중의 여론에 신경을 써야 하듯이 말이다. 전문가 집단은 비전문가 집단의 신뢰를 얻어야 하는데, "오늘날 자연과학적 사고집단은 대부분 그러한 위치에 있다. 만약 엘리트가 더 강한 위치를 점한다면, 이들은 대중으로부터 멀어지고 고립될 것이다. 그러면 비밀 행위와 독단이 사고집단의 삶을 지배한다. 이는 종교적인 사고집단에서 찾아볼 수 있는 상황이다. 필연적으로 전자의 민주적 형태는 아이디어의 발전과 진보로 나아가지만, 후자는 상황에 따라 보수주의와 고집에 빠진다"(Fleck, 2019: 139).

참고문헌

Fleck, L.(2014). *Denkstile und Tatsachen: Gesammelte Schriften und Zeugnisse*. Berlin: Suhrkamp Verlag.

Fleck, L.(2019). *Entstehung und Entwicklung einer wissenschaftlichen Tatsache: Einführung in die Lehre vom Denkstil und Denkkollektiv*. Berlin: Suhrkamp Verlag.

Johach, E.(2014). Was denkt im Individuum?: Kollektivfiguren bei Ludwik Fleck, Tadeusz Bilikiewicz und Ludwig Gumplowicz. *NTM*, *22*, pp. 111-132.

Kuhn, T.(1979). Foreword. In Fleck, L.(1979). *Genesis and Development of a Scientific Fact*, pp. vii-xi. Bradley, F. & Trenn, T. J.(trans.). Chicago: University of Chicago Press.

10
패러다임 이론을 넘어서

논리실증주의를 넘어 과학사와 과학철학에 새로운 길을 제시한 토머스 쿤과 그에 앞서 비슷한 길을 제시했지만 거의 잊혔던 루드빅 플렉, 이 두 과학사가의 사상적 공통점과 차이점이 이제 다시 진지하게 주명될 필요가 있다. 그것은 단순히 아이디어 도용 차원의 문제가 아니다. 어쩌면 플렉이 제시한 사고양식과 사고집단이라는 '원초적 아이디어'가 20세기에 쿤의 패러다임 이론으로 인해 다소의 오해와 함께 제한적으로 수용되었지만, 이제 자연과 사회 혹은 과학과 문화를 하나로 보려는 새로운 '사회적 분위기'에서 드디어 그것을 더는 왜곡되지 않은 상태로 온전하게 이해할 수 있기 때문이다.

사고양식의 차이: 물리학과 의학

토머스 쿤의 패러다임 이론과 플렉의 사고양식 이론은 유사점이 많지만 차이도 적지 않다. 그 원인으로 이들이 속한 사고집단의 차이, 곧 물리학계와 의학계의 차이를 먼저 언급하지 않을 수 없다. 물론 서로 다른 시대적 배경에서 나온 차이도 중요하겠지만, 기본적으로는 (우리가 플렉의 사상을 염두에 둔다면) 사고양식의 차이가 더 중요하다. 플렉은 주로 의학과 미생물학 등 생물학적 세계관을 통해 과학적 인식을 살피려 한 반면, 쿤은 물리학자의 시선에서 과학사의 전환을 바라보았다. 플렉은 다음과 같이 말했다. "내가 생물학에서 배운 바는, 발전을 경험하는 분야는 항상 발전사적으로 연구해야 한다는 점이다. 오늘날 누가 발생학 없이 해부학을 공부한단 말인가? 마찬가지로 역사적 연구, 비교하는 연구가 빠진 모든 인식론은 공허한 말장난, 곧 공상의 인식론일 따름이다."(Fleck, 2019: 31)

플렉은 연구를 시작할 때 이러한 차이를 이미 예상했다. 1927년 처음으로 과학사에 관해 쓴 논문인 "의학적 사고방식의 몇 가지 특징"에서 물리학과 화학이라는 일반적 자연과학과 자신의 전문 분야인 의학이 무엇이 다른지 서술했다. 의학은 '정상 상태'에서 벗어난 일탈적 상황을 포착하고자 한다. 이와 동시에 의학은 그 일탈적 상황을 다시 어떤 병명이나 원칙에 따라 구성하고자 한다. 따라서 "의학에서는 화학의 원자론이나 물리학의 에너지 일원론(Energetik)처럼 전체를 아우르는 사고가 불가능하다. 그럼에도 이러한 의학 현상을 해명할 어느 정도 핵심적인, 곧 어떤 방법론적인 사고가 점차 분명하게 드러나는데, 이는 발병 현상을 일시에 그리고 역동적으로 특정해 포착하는 것이다. 의학적 사고의 대상인 발병은 항상 똑같은 상황이 아니라 나름의 시간적 순서에 따라 발생, 진행 그리고 소멸을 거치며 부단히 변화하는 과정이다"(Fleck, 2014: 46-47). 이렇듯 플렉의 사상은 항상 '부단한 변화'를 전제한다. 즉 논리나 추론만으로는 합리적 설명을 하기 어렵다는 점을 전제한다. 반면 쿤은 다소 정형화된 틀로 상황의 변화를 포착하려 했고, 구조적 분석을 꾀했다. 주저의 제목에 이미 구조라는 단어가 포함되어 있지 않은가!

플렉과 쿤이 사용한 개념과 단어에서도 이러한 차이는 뚜렷하게 드러난다. 게슈탈트 개념은 두 사람의 사상에서 비슷하게 중요한 위치를 점했지만, 그 뉘앙스는 사뭇 달랐다. 쿤 역시 패러다임을 이야기하면서 그것이 변화하면 동일한 것도 새로운 관점에서 보게 되고, 이로써 사고 체계가 완전히 달라진다고 설명했다. 물론 쿤은 사회과학인 게슈탈트 심리학의 실험 결과를 그대로 자연과학의 실험과 관찰에 적용하기는 어렵다며 의심쩍어했다. 그런데 심리학자가 아니라 과학자였던 노우드 러셀 핸슨(Norwood Russell Hanson)이 ≪발견의 패턴(Patterns of Discovery)≫(1958)에서 '이론적재성(theory-ladenness)'을 주장하자, 쿤은 이를 수용했다. 쿤은 유명한 '오리-토끼' 실험, 곧 이렇게 보면 오리로 보이고 저렇게 보면 토끼로 보이는 형상의 예시를 통해 "혁명 이전의 과학자 세계에서 오리였던 것이, 혁명 이후에는 토끼로 둔갑한다"(Kuhn, 1970: 111)며 패러다임 변화를 극적으로 묘사했다. 이렇듯 쿤은 게슈탈트를 일종의 구조로 파악했고, 그러한 인식에서는 패러다임이 점진적이 아니라 혁명적으로 전환될 수밖에 없었다.

이에 반해 플렉은 게슈탈트 이론을 전용했다. "의학적 사고는 가우스의 좌표계를 이용한다는 점에서 데카르트 좌표계를 이용하는 자연과학적 사고와 다르다. 의학적 관찰은 결코 점이 아니라 작은 원이다. 그래서 우리는 그것을 각도마다 정해진 직선의 좌표계가 아니라, 우리가 알지 못하는 임의로 교차하는 곡선의 좌표계에 넣어야 한다."(Fleck, 2014: 48-49) 이어 플렉은 의학적 관찰이 독립된 점으로 존재하지 않고, 항상 주변의 영향을 받는 원, 그것도 직선의 움직임이 아니라 곡선의 움직임이라고 강조한다. 이러한 이해에서 포착되는 것은 혁명적 전환이 아니라 점진적이며 소소한 움직임이다. 요컨대 플렉과 쿤의 사상은 기본적으로 서로 다른 사고양식에서 출발했으며, 서로 다른 사고집단에 속해 있었다.

과학과 사회

플렉과 쿤 모두 과학 발전이 개인의 차원이 아니라 사회의 차원에서 일어난다는 점을 강조한다. 이때 쿤은 주로 과학자의 사회를 강조하지만, 플렉은 과학자 집단만이 아니라 사회 전체를 이야기한다. 실제로 쿤은 인문학이나 사회과학에 별다른 관심을 보이지 않았지만, 플렉은 쿤보다 훨씬 과학과 인문학 혹은 과학과 사회과학의 연관성에 주목했다.

20세기 중반까지만 해도 사람들은 과학이 사회와 유리된 자연을 다룬다고 생각했고, 사회학이 과학의 이론이나 발견을 해명하는 데 그리 크게 이바지하지 못할 것이라고 보았으며, 오히려 과학으로부터 모든 것을 배우고자 했다. 논리실증주의가 탄생한 배경이 바로 그러했다. 이러한 지적 분위기에서 "사고의 사회학이란 과학자들에 의해 낮게 평가되는 새로운 학문"이었다. 플렉은 그 원인을 과학자의 독특한 개인주의에 돌렸다. "과학자는 대개 개인주의자로서 사상의 공동체적 성격을 보려고 하지 않는다. 그리하면 자신들의 위대한 천재성이 뭐가 되겠는가?"(Fleck, 2014: 415)

쿤 이후에도 1970년대 새로 등장한 과학지식사회학의 일부 학자가 제창한 '스트롱 프로그램(strong programme)'을 비롯해 전통적 지식사회학의 결점을 보완해 과학지식이 사회에서 어떤 영향을 받는지 연구하려는 시도가 있었다. 플렉은 바로 이러한 흐름의 선구자에 해당한다. 실제로 플렉은 "모든 과학의 내용 가운데 최소한 4분의 3, 또는 아마도 전체가 사고의 역사와 심리학 그리고 사고의 사회학에 의해 생긴다"(Fleck, 2019: 32)라고 설명했다. 또한 "전통과 교육 그리고 습관이 사고양식에 맞는, 다시 말해 일정한 방향으로 제한된 감각과 행동을 준비하는 자세를 불러일으킨다"(Fleck, 2019: 111)면서 과학적 인식에 영향을 미치는 사회적 요소로 이 세 가지를 꼽기도 한다.

하지만 전통과 교육 그리고 습관이 과학의 밖에 존재한다고 보고, 그것이 과학의 내용에 영향을 미친다고 상정하는 것은 잘못이다. 요컨대 플렉은 사회적 맥락을 미리 전제하고 그것이 과학에 영향을 끼친다고 여기지 않았다. 플렉이 연구한 내용을 살펴보면 사회적 맥락을 정말 고려했는지 의심될 정도로 사회적 맥락에 대한 직접적 언급이 없다. 독일 교육부에서 매독 연구에 연구비를 지원했다는 것만이 눈에 띌 뿐, 심지어 사회적 사건에 대한 언급 자체도 거의 없다.

최근 플렉의 연구가 다시 주목받는 것은 과학이 사회를 압도해 가는 현실에서 과학적 사실과 발전에 대한 다양한 논쟁이 벌어지기 때문이다. 곧 과학 자체만의 문제가 아니라 과학과 사회의 관계에 대해 근본적 질문이 제기되는 시점이다. 유전자 변형이나 AI와 같은 과학과 기술의 진보가 사회에 어떠한 영향을 미치는지 제대로 진단하려는 이들에게는 과학과 사회의 관계를 조명하는 폭넓은 관찰을 통해 과학적 사실의 구성 방식을 탐구하고 철학적 질문을 던진 플렉의 문제의식이 반가울 터다.

상호작용과 진화

플렉의 사고양식 개념은 쿤의 패러다임 이론보다 훨씬 역사사회적이다. 플렉의 인식론은 자연과 사회를 넘나든다. 더 정확하게 말하자면 과학이 역사와 문화에 지나칠 정도로 의존적이라고 본다. 플렉이 유독 탈개인과 집단성을 강조한 이유가 여기에 있다. 그러나 플렉 이론의 가장 큰 특징은 당시 사회학자와 달리 상호작용과 일회성, 사건 등을 강조함으로써 구성주의적 혹은 진화적 접근 방식을 강조했다는 데 있다.

쿤이 ≪과학혁명의 구조≫에서 이야기한 혁명적 변화는 그 과정에 의문점이 많다. 물론 쿤이 나중에 후속 연구를 통해 거대 혁명에 더해 중간 규모 혹은 미시적 혁명을 추가하기는 했지만, 그래도 혁명 과정이 매끄럽게 설명되지는 않는다. 이러한 혁명적 변화가 항상 일어나는지 혹은 미시적 혁명마저 일어나지 않을 때 과학적 발견이나 발전은 어떠한 의미가 있는지 의문이 든다.

쿤은 동일한 사고를 지닌 집단의 체계, 곧 하드웨어만을 패러다임의 구성 요소로 취한 반면, 플렉은 사고집단의 분위기, 역사적 상황, 예술적 표현 등 소프트웨어까지 사고양식의 내용에 포함했다. 이에 따라 쿤은 한 패러다임에 속한 사람들이 똑같이 사고하는 단일한 구조적 형태를, 플렉은 작고 수많은 사고양식이 교류하는 복잡한 생태계와 같은 형태를 머리에 그렸다. 그래서 쿤은 문화적·사회적 요소가 거대한 국면에서 패러다임과 관련되더라도 구체적 상황에서는 무관하다고, 다시 말해 그러한 요소는 추출되어 사라진다고 보았다. 반면 플렉은 구체적 상황이 거대한 구조가 시키는 대로 구조만 남고 추출되는 것이 아니라 나름의 상황이 따로 존재한다고 본다.

그렇다면 플렉에게서 사고양식은 어떻게 변화하는가? 플렉 사상의 가장 큰 특징은 생물학적 진화 과정과 유사한 변화를 강조한다는 점이다. 플렉은 "과학은 … 살아 있는 유기체처럼 성장한다"(Fleck, 2014: 369-370)고 말하며 "사고양식의 '돌연변이'"(Fleck, 2019: 38)라는 용어를 사용했다. 플렉이 자신의 저서에서 '진화'라는 용어를 거의 사용하지 않았기에 그의 이론을 '진화'라는 용어로 정의하기는 다소 애매하다. 하지만 플렉의 이론이 '진화적 발전'에 바탕을 둔다는 점은 분명하다. 이러한 맥락에서 플렉이 사고집단 내의 미시적 분석을 택하고 구조보다 사람들의 경험에 초점을 맞췄다면, 쿤은 거시적 변화와 구조적 측면을 탐색했다. 그러다 보니 전자는 점진적이고 진화적인 변화를, 후자는 급진적이고 혁명적인 변화를 선호한 것으로 보인다.

라투르가 한 말로 마무리하자. "우리는 사고집단 개념을 패러다임 개념과 동일시하는 것이 얼마나 불행한 일인지 알 수 있다.… 사고양식을 버리고 패러다임으로 가는 것은 모든 상호작용의 사고에서 발생하는 사건을 없애고, 푸코의 방식, 진부한 에피스테메로 전환한다. 결국 쿤을 통해 우리는 칸트와 뒤르켐으로 되돌아가고 만다. 플렉은 우리를 완전히 다른 곳으로 인도한다."(Latour, 2005)

참고문헌

Babich, B.(2003). Paradigms and Thoughtstyles: Incommensurability and its Cold War Discontents from Kuhn's Harvard to Fleck's Unsung Lvov. *Social Epistemology, 17*, pp. 97–107.

Chołuj, B.(2014). Was leistet die Soziologisierung der Wissenschaften bei Ludwik Fleck?. In Hübinger, G. & Mittelhammer, A.(eds.). *Europäische Wissenschaftskulturen und politische Ordnungen in der Moderne(1890–1970)*, pp. 207–213. München: Oldenburg Verlag.

Fleck, L.(2014). *Denkstile und Tatsachen: Gesammelte Schriften und Zeugnisse*. Berlin: Suhrkamp Verlag.

Fleck, L.(2019). *Entstehung und Entwicklung einer wissenschaftlichen Tatsache: Einführung in die Lehre vom Denkstil und Denkkollektiv*. Berlin: Suhrkamp Verlag.

Kuhn, T.(1970). *The Structure of Scientific Revolutions*. Chicago: University of Chicago Press.

Latour, B.(2005). Transmettre la syphilis, partager l'objectivité. In Fleck, L.(2005). *Genèse et développement d'un fait scientifique*. Jas, N.(trans.). Paris: Les Belles Lettres. http://www.bruno-latour.fr/node/371.html

Mößner, N.(2011). Thought styles and paradigms—a comparative study of Ludwik Fleck and Thomas S. Kuhn. *Studies in History and Philosophy of Science, 42*(2), pp. 362–371.

Peine, A.(2011). Challenging Incommensurability: What We Can Learn from Ludwik Fleck for the Analysis of Configurational Innovation. *Minerva, 49*, pp. 489–508.

Sauerland, K.(2017). Der Begriff des Denkstils bei Ludwik Fleck.

theologie.geschichte Beiheft, 9, pp. 37–58.
https://doi.org/10.48603/t.g.v0i9.1023

Zittel, C.(2017). Fleck–Fieber. *Zeitschrift für Ideengeschichte, 11*(2), pp. 15–28.

루드빅 플렉(Ludwik Fleck, 1896~1961)

르비우에서 태어난 폴란드 출신의 의학자이자 미생물학자다. 과학적 인식과 역사에 관심을 두고 개인적으로 꾸준히 연구했다. 독일어로 발표한 주저 ≪과학적 사실의 생성과 발전≫(1935)은 당시의 혼란스러운 상황 탓에 한동안 잊혔다. 나중에 토머스 쿤의 ≪과학혁명의 구조≫(1962)에 언급되면서 다시 주목받기 시작했고 2000년 이후 '플렉-르네상스'라는 말이 나올 정도로 여러 분야에서 재평가받고 있다.

송충기

공주대학교 사학과 교수다. 서울대학교 서양사학과를 졸업하고 동 대학교 대학원에서 석사 학위를, 독일 보훔대학교에서 박사 학위를 받았다. 논문으로는 "역사 속의 비인간: 포스트휴머니즘 역사학의 현황과 쟁점"(2023), "19세기 함부르크 도축장의 근대성: 인간과 동물, 그리고 사물 사이의 연결망(Networks)"(2021), "루드빅 플렉(Ludwik Fleck)의 과학사 방법론: 사고집단(Denkkollektiv)과 사고방식(Denkstil)"(2020) 등이 있다. 단독 저서로는 ≪나치는 왜 유대인을 학살했는가≫(2013) 등이 있고, 공저로는 ≪세계의 과거사 청산≫(2005) 등이 있다. ≪알프 뤼트케의 일상사 연구와 '아집'≫(2020) 등 다수의 책을 번역했다.